AF305340

FACULTÉ DE DROIT DE PARIS.

APERÇU

DE LA

CONDITION DES ÉTRANGERS

En droit romain et en droit français.

THÈSE POUR LE DOCTORAT

PAR

Casimir-Clément WALISZEWSKI.

PARIS

A. PARENT, IMPRIMEUR DE LA FACULTÉ DE MÉDECINE

RUE MONSIEUR-LE-PRINCE, 29-31

1875

APERÇU

DE LA

CONDITION · DES ÉTRANGERS

En droit romain et en droit français.

THÈSE POUR LE DOCTORAT

PAR

Casimir-Clément WALISZEWSKI,

Né à Golle (Pologne).

*L'acte public sur les matières ci-après sera soutenu
le jeudi 16 décembre 1875, à midi.*

PRÉSIDENT :	M. BUFNOIR,		Professeur.
SUFFRAGANTS :	MM. MACHELARD,		Professeurs.
	COLMET DE SANTERRE,		
	LYON-CAEN,		Agrégés.
	RENAULT,		

*Le candidat répondra en outre aux questions qui lui seront faites
sur les autres matières de l'enseignement.*

PARIS

A. PARENT, IMPRIMEUR DE LA FACULTÉ DE MÉDECINE

RUE MONSIEUR-LE-PRINCE, 29-31

1875

A M. GARSONNET

Professeur agrégé à la Faculté de Paris,

Hommage respectueux d'un élève reconnaissant.

DROIT ROMAIN

CHAPITRE Ier

1. Les personnes peu familières avec le sujet que nous nous proposons de traiter pourraient croire que les exigences de l'école se sont trouvées d'accord avec les conseils de la science pour nous engager à mettre dans cette étude le droit romain avant le droit français. Elles pourraient croire, qu'ici comme ailleurs, en remontant du droit français au droit romain nous remontons à une source. Un coup d'œil suffit pour détruire cette illusion. Il semble même alors qu'on ne puisse parler de la condition juridique des Etrangers à Rome que pour enregistrer une négation. En effet, si nous prenons un étranger, *stricto sensu*, c'est-à-dire le membre d'un État indépendant, ce qui caractérise sa situation vis-à-vis de la législation romaine c'est précisément l'absence de toute condition juridique. Les Romains ont, il est vrai, reconnu de tout temps l'existence d'États indépendants non-seulement comme un fait, mais comme un principe du *droit des gens*. Il y avait donc un *droit des gens*? Oui,

et même l'idée fondamentale de ce droit c'était la parfaite égalité de tous les peuples indépendants. Selon Festus (1) c'est de cette égalité que découle l'appellation donnée primitivement à l'étranger: *hostis*, de *hostire* (pour *æquare*). Bien plus il y avait un tribunal spécial pour connaître des différends relatifs au droit des gens. Le collége de prêtres, dit collége des *Féciaux*, constatait les violations faites au droit des gens ou droit *fécial* et en demandait la réparation. Trente-trois jours étaient donnés à l'Etat coupable pour offrir cette réparation, sinon c'était la guerre (2). Mais le droit des gens dont nous parlons ne garantissait que les droits des individus dans les limites de leurs Etats respectifs. Une fois l'individu sorti de ces limites, tout droit cessait pour lui; sa personne comme ses biens pouvaient être appropriés. Les Romains ne manquaient pas d'appliquer ce principe, et, en vertu de l'égalité qu'ils admettaient en cette matière, ils souffraient parfaitement qu'on l'appliquât à eux-mêmes quand ils se laissaient saisir sur un territoire étranger.

2. Une situation légale ne pouvait être créée pour un étranger à Rome ou pour un Romain à l'étranger que par l'effet d'un traité. Rome a conclu effectivement un grand nombre de traités de cette nature, jusqu'au jour où son ambition ne lui fit plus apercevoir dans toute l'étendue de l'univers que deux classes de personnes, des sujets ou des ennemis. Ces traités appartiennent à une étude historique plutôt qu'à une thèse juridique. Cependant comme leur objet ne varie pas à l'infini, mais se

(1) Festus. *Status Dies*; Cic., *de off.*, I, 12.
(2) Tite-Live, I, 32.

laisse ramener au contraire à quelques principes fixes, il semble qu'il y ait là une espèce de législation international. Nous allons en conséquence consacrer quelques instants à en faire l'examen. Les conventions internationales dont il s'agit ont en général deux buts : assurer aux membres de l'État romain sur les terrains d'un autre État, et réciproquement, l'exercice de certains droits — former un pacte d'assistance mutuelle. Ce double but peut se trouver atteint par trois moyens : *a*) établissement de l'*amicitia*, *b*, établissement de l'*hospitium*, *c*, établisement d'une alliance proprement dite (*fœdus*). Ces trois formes sont encore distinguées par Pomponius (L. 5, § 2, D., 49, 15.)

a. L'amicitia par sa nature même contenait deux choses : 1° l'engagement des deux nations à ne pas se faire la guerre avant d'avoir cherché la voie de la conciliation (1) ; 2° la détermination des conditions auxquelles les membres de l'une des deux nations pourraient venir sur le territoire de l'autre et de la situation légale qui leur y seraitfaite (2). Par cette seconde clause Rome protégait au loin ses citoyens dans leurs voyages ou leurs entreprises commerciales. Arrivé dans une cité *amica* le Romain était considéré comme *publico nomine tutus* (3). Aussi de pareilles relations amicales furent établies avec presque tous les peuples contre lesquels Rome porta les armes plus tard ; sauf pourtant avec les Gaulois qu'elle n'apprit à connaître que par la guerre (4).

(1) Voy. le Traité avec Albe ; Denis, III, 3.

(2) Voy. le 1er Traité avec Carthage, en 406 et même le 2e en 448 ; Polybe, III, 22, 23, 24.

(3) L. 19, § 3, D., 49, 15.

(4) Tite-Live, v. 33-36.

Les concessions de certains droits aux membres de l'État étranger impliquaient la faculté de faire valoir les droits concédés devant les justices locales. Quelquefois cependant le mode de cette revendication légale (*recuperatio*) était fixé expressément dans le traité (1). Nous ne ferons que mentionner une controverse soulevée à propos de la *recuperatio* entre les auteurs allemands qui ont traité spécialement la question. (Sell, *die Recuperatio der Romer* et Voigt, *Jus naturale*). Voigt soutient contre Sell que le droit de *recuperatio* ne se rencontrait pas dans la simple *amicitia*, mais seulement dans le *fœdus*. Mr Walter dans son *Histoire du droit romain*, chap. XI, note 6, se range de l'avis de Sell.

b. La valeur juridique de l'*hospitium* est bien plus considérable. Mommsen confond à tort, selon Mr Walter l'*hospitium* et l'*amicitia*. Il y avait deux espèces d'*hospi-tium*: l'*hospitium privatum* et l'*hospitium publicum* (2). Dans le premier, l'hôte n'acquérait que la protection privée d'une personne, dans le second il avait droit à la protection de l'Etat lui-même. L'hospitalité privée contenait l'obligation d'accueillir l'hôte dans son voyage (3), de le protéger et au besoin de le représenter devant la justice (4). L'hôte était respecté même pendant la guerre, et s'il était fait prisonnier, il devait être délivré par celui avec qui l'unissait le lien de l'*hospitium*. Ce lien fondé par des présents réciproques, protégé par une divinité tutélaire spéciale et garanti par un gage, la *tessera hospitalis*, que l'on conservait avec soin et qu'on

(1) Festus, 274.
(2) Tite-Live, I, 45.
(3) Tite-Live, XLII, 1.
(4) Cic. Divin., 20.

laissait aux descendants, subsistait même entre descendants et devait pour finir être formellement dé-
noncé (1). Les obligations si larges qui en découlaient
n'étaient certainement en principe que des obligations
de conscience, mais la religion et les mœurs leur donnaient une telle force que leur violation était considérée
comme un crime. — L'hospitalité publique était de deux
espèces, accordée par un État à un seul étranger, ou
en masse à tous les membres d'un État étranger. Elle
conférait à l'hôte trois avantages. En premier lieu, il
était par son effet mis immédiatement dans l'exercice
personnel de tous les droits civils qu'autrement il ne
pouvait exercer ou qu'il ne pouvait — à supposer qu'il
fût membre d'un Etat *ami* — exercer que par l'entremise
d'un citoyen. En outre donc de la protection que lui as-
surait déjà l'*amicitia* il pouvait, grâce à l'*hospitium*,
acheter et vendre lui-même. Mommsen (2) va jusqu'à dire
qu'il pouvait acheter une terre romaine. — Walter n'est
pas de cet avis (3). Il pouvait enfin paraître personnellement devant les tribunaux romains. — D'autre part, les
magistrats romains devait à l'hôte de la République la
protection que l'homme privé devait au sien. — En
dernier lieu l'hôte avait droit de la part de l'Etat, comme
de la part de l'homme privé, à des égards particuliers ;
notamment une place honorable aux jeux devait lui être
réservée. Le reste dépendait des circonstances. Le droit
d'hospitalité publique était également héréditaire, du
moins a-t-il habituellement ce caractère dans les inscriptions grecques.

(1) Tite-Live, XXV, 18.
(2) Röm. Gastrecht, 345, 372.
(3) Op. cit., Chap. XI, note 29.

c. Dans le traité par excellence (le *fœdus*) c'est l'intérêt de l'Etat en entier qui était en vue. L'objet consistait à s'assurer réciproquement une assistance effective en cas de guerre — avec ou sans conditions. Mais bien entendu les membres de chacun des deux Etats unis par le *fœdus* jouissaït vis-à-vis de l'autre au moins des droits que garantissaient l'*amicitia* et l'*hospitium*, sans parler des droits plus importants que le *fœdus* pouvait leur concéder, tels que le *connubium*, le *commercium*, le *municipium*. La concession de ces divers droits se présente notamment dans le plus ancien *fœdus*, celui conclu avec les Latins. Nous avons mentionné le *municipium*. La concession du *municipium* était la concession de la plus large part de droits qu'on pouvait accorder à un étranger. En vertu du *municipium*, le citoyen de l'Etat étranger qui se trouvait à Rome, et réciproquement, de passage ou d'une manière fixe, y jouissait de tous les avantages et supportait toutes les charges du droit public et civil, à l'exception du droit de vote et du droit d'être nommé aux fonctions publiques. Le tout sans être citoyen de l'Etat où il exerçait ces prérogatives, et sans perdre le droit de cité dans sa patrie (1). Cela correspond à l'*isopolitie* des Grecs; et c'est en effet l'expression dont se sert Denys, en employant toutefois dans certains passages le même nom pour désigner le véritable droit de côté. Les rapports étroits créés par le *municipium*, si rapprochés de la condition que le droit moderne fait en général aux étrangers, existaient non-seulement en Italie, mais aussi au delà, par exemple entre Rome et Athènes en 528. — Le *municipium* se combinait souvent avec l'*hospitium publi-*

(1) Voy. le fragment de Festus cité par Walter, op. cit., chap. XI, note 38.

cum, les deux concessions se complétant l'une par l'autre. Cela a dû notamment avoir lieu pour Coere. C'est ainsi que dans les inscriptions grecques la *proxénie* (espèce de droit analogue à l'*hospitium*) est accordée en même temps que l'*isopolitie*.

3. Tels étaient les rapports des Romains avec les étrangers dans les premiers temps ; les conquêtes créèrent bientôt d'autres rapports infiniment plus compliqués. Ainsi que nous l'avons dit, Rome en vint à ne voir en dehors d'elle que des sujets ou des ennemis. Quant aux ennemis, nous n'avons pas à nous en occuper ; le véritable droit à leur égard ça été, et c'est encore jusqu'à un certain point, l'absence de tout droit. Quant aux *sujets*, il semble que nous ne devons pas nous en occuper davantage ; d'après nos idées modernes un *sujet* ne saurait être considéré comme un étranger. Eh bien, cela est entièrement vrai au point de vue de nos idées modernes, mais au point de vue romain cela n'est vrai qu'à moitié. Aujourd'hui le but suprême de la conquête c'est l'*unification*. Le premier pas dans cette œuvre d'unification, c'est l'imposition au peuple conquis des droits du peuple conquérant. Il y a là à la fois acte de maître, c'est-à-dire affirmation de la conquête et concession d'un bienfait, c'est-à-dire communication d'un droit que le vainqueur doit nécessairement croire supérieur à tout autre, puisque c'est le sien. Telle n'était pas, on le sait, la façon d'agir de Rome conquérante. Des actes de maître — elle ne s'en faisait pas faute, mais elle avait pour cela des procédés moins humanitaires. Des bienfaits, elle se souciait fort peu de se montrer généreuse. Son droit n'était pas à ses yeux un régime utile que la sagesse conseillait d'imposer à tous les membres de l'Etat, c'était

un privilége précieux que l'égoïsme conseillait de garder pour soi. Les peuples conquis n'étaient pas des associés appelés à jouir des bénéfices d'une même civilisation, c'étaient encore et toujours des *étrangers* destinés à être exploités, tout en restant en dehors de la ville-sainte. Il y avait d'ailleurs aussi au fond de ce système le souci de ne pas violenter les coutumes locales, car son admirable esprit politique avait de bonne heure fait comprendre à la puissante cité que la violence, en cette matière, aurait rendu ses conquêtes à la fois plus difficiles à conserver et moins fructueuses. Les publicistes de nos jours, qui voient dans l'unification la condition *sine quâ non* de la domination, pourraient trouver dans cet exemple de quoi modifier singulièrement leur manière de voir. L'unification ne fut jamais une idée romaine. Rome imposait aux peuples conquis ses préteurs, ses proconsuls ou ses préfets pour les maintenir en respect et les rançonner ; mais quant au reste, quant au droit, quant au culte, quant à l'administration elle-même jusqu'à un certain point, les peuples conquis demeuraient dans le *statu quo*. Ils se trouvaient en quelque sorte dans la situation d'un pays soumis à une occupation militaire étrangère. Tel était l'état des choses sous la République, tel il reste, pendant longtemps encore, sous l'Empire. On peut donc à bon droit chercher des étrangers parmi les sujets de Rome, et se demander quelle était leur condition juridique vis-à-vis de la métropole dont les institutions politiques et civiles leur étaient véritablement *étrangères* à certains égards, et plus étrangères en somme à coup sûr que ne le sont aujourd'hui les institutions d'un Etat européen aux membres d'un autre Etat quelconque.

CHAPITRE II.

4. La condition juridique des étrangers-sujets à Rome n'était pas uniforme. Les étrangers par excellence ce sont les *Peregrini*. Les pérégrins proprement dits ce sont les habitants des provinces. Cependant ce nom et la condition juridique qui y est attachée peuvent se trouver imposés à d'autres personnes, même à des citoyens romains, notamment par l'effet d'une condamnation à une peine infamante.

5. Entre la condition de ces pérégrins et celle de citoyen romain, il y avait une condition intermédiaire, celle des *Latini*. On distinguait trois classes de Latins : les *Latini veteres, coloniarii* et *juniani*. Les *Latini veteres* c'étaient les peuples de l'ancien *Latium* réunis en une association puissante dans laquelle Rome entra en l'an 260, après la bataille du lac Régille et que plus tard, en l'année 416, elle détruisit. A cette dernière date plusieurs cités latines obtinrent le *jus civitatis* (1), et après la guerre sociale, en l'an 664, une loi Julia proposée par le père de Jules César le conféra à tous les Latins(2). De sorte qu'à l'époque du droit classique, il n'y a plus de *Latini veteres*; mais leur condition avait servi de type à celle des *Latini coloniarii*.

6. Les Romains commencèrent de bonne heure à former des colonies lointaines. Débarrasser Rome d'une popu-

(1) Tite-Live, VIII, 14.
(2) Cic., *pro Balbo*, 8.

lation gênante et étendre son influence, tel était le double but de ces établissements. Ces colonies jouissaient à l'origine d'une parfaite égalité de droits avec la métropole (*coloniæ togatæ*); mais bientôt il répugna à la jalouse cité de disséminer ainsi ses priviléges; aussi saisit-elle avec empressement l'occasion que lui donnait son union avec les Latins pour former des colonies latines. Ces colonies, d'après le témoignage de Cicéron (1) et de Gaius (2), comprenaient trois sortes de personnes : 1°, des volontaires qui renonçaient à leur patrie; 2°, des personnes condamnées à une amende et qui en évitaient ainsi le payement; 3°, des fils de famille désignés par leur père. Ces personnes perdaient immédiatement la qualité de citoyens romains. Postérieurement à Cicéron et à Gaius, le *jus Latii* s'acquit soit par l'émigration dans une colonie déjà existante, soit par concession du prince faite ou à des individus ou à des cités. Cette concession qui n'implique aucun déplacement de population fut l'origine de la plupart des colonies auxquelles se réfèrent les textes de l'époque impériale. C'est ainsi que Vespasien donna le *jus latinitatis* à tous les habitants de l'Espagne (3). C'est sous cette forme que le *jus Latii* rentre dans le cadre de notre étude; quant aux *Latini coloniarii* originaires dont parle Cicéron, leur condition n'étant qu'une pure déchéance de droits, il nous paraît impossible de les ranger dans la catégorie des étrangers. Nous en dirons autant des *Latini juniani* affranchis qu'un défaut dans la forme de l'affranchissement a empêchés d'arriver à la cité romaine.

(1) *Pro Cecina*, 33.
(2) I, § 131.
(3) Pline. Natur. Hist., III, 4.

7. *Peregrini, Latini veteres, Latini coloniarii*, voilà les trois classes d'étrangers dont nous avons à préciser la condition. Avant d'aborder notre étude disons que, historiquement, elle se place avant la législation justinienne. Sous Justinien, Pérégrins et Latins, créations arbitraires de la conquête, ont disparu. Rome est devenue trop faible pour s'étendre au dehors, et au dedans elle à cherché un remède à sa faiblesse dans cette unification qu'elle avait dédaignée au milieu de sa force. A quelle époque l'unification se consomma-t-elle? La réponse est difficile. Nous ne pensons pas que cette époque soit marquée par la fameuse constitution de Caracalla (L. 17, *de stat. hom.*, 1, 5.) attribuée par Justinien, à tort paraît-il, à Antonin le Pieux. (Nov. 78, cap. 5.) La concession du droit de cité que contient cette constitution ne s'adressait, à notre sens, qu'aux sujets actuels de l'Empire, sans préjuger d'ailleurs la condition à faire aux conquêtes de l'avenir. Peu importe du reste pour l'objet de notre étude. Pérégrins et Latins ont existé, cela est certain, dans le monde romain, et sans chercher à préciser davantage la durée de leur existence, nous allons les placer en face de la législation romaine.

8. Nous avons peu à dire du droit *public*. Bien éloigné encore des principes qui constituent le droit public moderne, et se résumant dans le *jus suffragii* et dans le *jus honorum*, c'est-à-dire dans cette branche du droit public à laquelle nous donnons aujourd'hui plus spécialement le nom de droit *politique*, le droit public romain forme par cela même, on le conçoit, un cercle dont tous ceux qui ne font pas partie de la cité sont nécessairement exclus. Il y a cependant, au point de vue de ce droit, une différence à établir entre deux classes de pérég

Parmi les peuples soumis, les uns n'avaient accepté la suprématie romaine qu'à de certaines conditions. Les autres avaient dû se rendre à discrétion. Ces derniers portaient le nom de *deditii*, et leur condition était à plusieurs égards inférieure à celle des pérégrins ordinaires. Ainsi 1°, il leur est défendu de paraître soit à Rome, soit dans un rayon de cent milles autour de Rome. En cas de contravention leur liberté et leurs biens sont confisqués au profit du peuple romain, et ils sont vendus avec la clause expresse qu'ils ne pourront plus être affranchis (1); 2°, ils n'appartiennent à aucune cité déterminée (2) ; 3°, tout espoir de parvenir au droit de cité romaine d'une façon quelconque leur est interdit (3). D'autre part certains textes peuvent faire croire qu'une certaine part dans les droits politiques avait été faite aux *Latini veteres*, qu'ils jouissaient notamment du *jus suffragii* (4). Mais plusieurs interprètes réfèrent ces textes à ceux des Latins à qui avait été spécialement octroyé le *jus civitatis cum suffragio* (5). Il est certain du moins que les *Latini veteres* pouvaient entrer dans les armées romaines (6).

9. Passons immédiatement au droit *privé*, et, en suivant l'ordre adopté par les Institutes, envisageons d'abord la condition des étrangers Pérégrins ou Latins, au point de vue des droits de famille.

(1) Gaius, I, § 27.
(2) Ulpien, XX, § 14.
(3) Gaius, I, § 26.
(4) Tite-Live, XXV, 3.
(5) Puchta. Cursus des Inst., I, § 62, note *h*.
(6) Tite-Live, XL, 18.

§ 1. *Droits de famille.*

Ce qui constitue la base des droits de famille dans la législation romaine, c'est le *jus connubii*, ou droit de contracter de justes noces (*justæ nuptiæ*), dont découlen la *patria potestas* et l'*agnatio.*

Nous lisons aux Institutes (titre X, *Principium*, liv. I) : « Justas nuptias autem inter se cives romani contra- « hunt. » D'autre part Gaius dit (§ 55, 1) à propos du *jus connubii* : « Quod jus proprium civium romanorum « est. » Malgré le caractère absolu de ces textes il est certain que les *Latini veteres* avaient le *connubium*, du moins à l'origine. La sœur d'Horace apparaît dans Tite-Live comme fiancée à un Albain (1). Le même auteur dit, en parlant de Tarquin le Superbe : *Octavio Manilio Tusculano (is longe princeps latini nominis erat....) filiam nuptum dat* (2). Gaius dit, il est vrai (I, § 57), que des vétérans pouvaient obtenir de l'empereur, « connubium « cum Latinis peregrinisve quas primas post mis- « sionem uxores duxerint », ce qui suppose que le Latin pas plus que le Pérégrin ordinaire n'a de plein droit le *connubium*, et de même Ulpien dit expressément (V, 4), qu'il n'y a *connubium cum Latinis et Perigrinis*, qu'en vertu d'une concession spéciale. Mais rappelons nous que les *Latini veteres* avaient disparu bien avant l'époque à laquelle écrivaient ces deux jurisconsultes. Les textes que nous venons de citer se réfèrent donc aux *latini coloniarii*. Les *Latini veteres* ayant le con-

(1) Tite-Live, I, 26.
(2) Tite-Live, I, 49.

nubium jouissaient-ils de tous les avantages compris dans ce droit. Il semble qu'il aurait dû en être ainsi ; cependant il est certain que s'ils avaient l'*agnatio*, la *patria potestas*, au contraire, est toujours restée le privilége exclusif des citoyens romains ? (1)

10. Les *Latini coloniarii* et les *Perigrini* n'ont donc pas le *connubium*. Ce n'est pas à dire qu'ils ne puissent se marier. Les *peregrini dedititii* mis à part, Latins et pérégrins appartiennent à des cités qui ont leur droit particulier : ils peuvent en conséquence se marier suivant les conditions que ce droit détermine et leur mariage aura les effets que ce droit consacre. Il n'aura pas les effets du *connubium* ; c'est-à-dire la *patria potestas*, ce pouvoir domestique si puissamment organisé dont Gaius dit (§ 55, 1) : « fere nulli alii sunt homines qui talem in « filios suos habent potestatem qualem nos habemus ; » c'est-à-dire l'*agnatio*, cette parenté civile, création arbitraire du droit romain qui se joue de la nature en respectant la logique et fait, par exemple, de la mère la sœur de son fils (*loco sororis*). Ainsi, et c'est là une observation sur laquelle nous insistons, car elle est capitale pour l'intelligence de notre sujet tout entier, quand nous parlons d'incapacité pour un étranger, autre qu'un pérégrin *dedititius*, nous parlons d'une incapacité *relative*, de l'incapacité d'exercer tel droit dans la législation romaine, suivant les règles et avec les effets consacrés par la législation romaine. Nous n'entendons en aucune façon le déclarer incapable d'exercer ce même droit, s'il est consacré et tel qu'il est consacré par sa législation à lui. Observons toutefois que, si d'une part, Rome n'im-

(1) V. Demangeat, I, p. 189, note 3.

posait pas ses institutions aux cités conquises; d'autre part, elle n'entendait pas que les cités les adoptassent volontairement. Il y avait, nous l'avons déjà dit, dans cette politique au moins autant de jalousie à l'égard de son droit que de respect pour le droit d'autrui. Dès lors, vu l'immense supériorité de la législation romaine sur les législations des autres cités en général, l'incapacité *relative* dont nous parlons constituait une infériorité de condition réelle. Ainsi encore, il y a, au point de vue du droit privé tout entier comme au point de vue du droit public, une distinction capitale à établir entre les pérégrins ordinaires et les déditices. Pour ces derniers, l'incapacité d'exercer telle fonction de la vie civile suivant la législation romaine, c'est l'incapacité *absolue* d'exercer cette fonction.

11. Pas de difficulté, par conséquent, en ce qui regarde les mariages contractés entre Latins et pérégrins dans les limites de la cité à laquelle ils appartiennent. Le principe est, en cette matière, ce qu'il est aujourd'hui encore pour les étrangers en matière de statut personnel, savoir l'application de leur droit propre. La difficulté commence quand il s'agit d'un mariage contracté par exemple entre un pérégrin et une *civis romana* ou une *latina*. Quelle est la loi qui va déterminer les effets de cette union ? — Aujourd'hui, au point de vue du droit français la réponse à une question analogue est facile. La règle étant que la femme suit la condition du mari, c'est la loi du mari qui est applicable dans l'espèce. Mais c'est là une règle tout à fait inconnue à la législation romaine. Dirons-nous que l'union contractée dans ces conditions est nulle au point de vue de la législation romaine ? Non, car nous trouvons dans cette

législation des dispositions qui ont précisément pour but de faire produire un effet civil à des unions de ce genre. Ainsi, un Latin épouse une *civis romana* en présence de sept témoins, dans le but d'avoir des enfants. Quand l'enfant issu de ce mariage aura atteint l'âge d'un an, le Latin pourra se présenter devant le préteur ou devant le président de la province et prouver devant lui « se uxorem duxisse liberorum causa » (1). (Loi Ælia-Sentia; — sénatus-consulte rendu sous Vespasien.) Cette preuve (*causæ probatio*), une fois faite, le magistrat reconnaîtra le droit de cité au Latin, à sa femme et à l'enfant issu du mariage. Voilà pour les Latins. De même une *Latina* a épousé un pérégrin qu'elle croyait Latin. Du moment qu'un enfant est né de cette union un sénatus-consulte, dont la date ne nous est pas indiquée, autorise l'homme ou la femme à justifier de la cause de cette erreur (*erroris causam probare*) et l'effet de cette justification est de rendre citoyens romains ceux qui étaient latins (2). Le mariage contracté entre citoyens romains et étrangers n'est donc pas nul. Mais nous nous retrouvons en présence de la question déjà posée : quelle est la loi qui règle les effets de ce mariage ? Il faut admettre que pour cette hypothèse et d'autres analogues, les Romains reconnaissaient un *jus gentium* en dehors de leur propre législation et en dehors des législations particulières des peuples qui faisaient partie de l'empire. Quant à savoir comment les effets du mariage étaient réglés d'après ce *jus gentium*, c'est là un problème impossible à résoudre d'une façon satisfai-

---

(1) Gaius, § 29, 1.
(2) Gaius, § 67, I. — Ulpien, § 4, VII.

sante. Voici les seules solutions que les textes nous permettent d'indiquer : 1°, le devoir de fidélité s'impose aux époux *secundum jus gentium*, comme aux époux *jure civili*. « Lex-Julia de adulteriis ad omnia matrimonia pertinet. » (Loi 13, § 1 ; D., 48, 5.) 2°, l'enfant issu du mariage suit la condition de sa mère (1), sauf le cas où il s'agit d'un mariage contracté entre un pérégrin et une *civis romana*, car dans cette hypothèse une loi Mensia, dont on ne connaît pas la date, impose à l'enfant *deteriorem conditionem ;* 3° Les latins pouvant être tuteurs, ainsi que nous le verrons plus tard, il est probable qu'ils pouvaient, pour se dispenser de la tutelle, invoquer le *jus liberorum* ; 4°, le mariage *secundum jus gentium* établit entre l'enfant et ses père et mère des rapports de cognation — de succession, par conséquent. C'est du moins ce qui paraît résulter d'un texte de Gaius *ad edictum provinciale*, dans lequel il est dit : « Proconsul « naturali æquitate motus omnibus cognatis promittit « bonorum possessionem quos sanguinis ratio vocat « ad hereditatem licet jure civili deficiant. » On peut aussi tirer un argument *a fortiori* dans ce sens du § 4 aux Inst. (Titre V, liv. 3), où Justinien écrit : « Vulgo « quæsitos nullum habere adgnatum manifestum est... » tantum igitur cognati sunt sibi. » Ces solutions partielles laissent malheureusement dans l'ombre un grand nombre de points importants. Le mariage *secundum jus gentium* donne-t-il au père une sorte de puissance paternelle ? — nous ne parlons pas de la *patria potestas* romaine qui est hors de question. Quelle est l'étendue de

(1) Selon le principe général écrit dans les Règles d'Ulpien, 5, § 8.

cette puissance sur la personne et les biens de l'enfant? Nous ne connaissons aucun texte qui réponde à ces interrogations.

11. En dehors des effets particuliers de la *causæ probatio* et de l'*erroris causæ probatio*, Latins et pérégrins n'ont, nous l'avons vu, le pouvoir d'acquérir à l'aide d'un *justum matrimonium* ni la *patria potestas*, ni l'*agnatio*. Peuvent-ils atteindre l'un ou l'autre de ces deux objectifs par le moyen artificiel de l'adoption? Aucun texte ne nous autorise à leur reconnaître ce pouvoir, et, en cette matière, vu le caractère exclusif de la législation romaine et le caractère essentiellement romain de l'adoption, le silence équivaut à une négation.

12. La tutelle ne porte pas, au même degré que l'adoption, le cachet d'une création arbitraire de la législation romaine. « Nec fere ulla est civitas, » dit Gaius (1), « in qua nonliceat parentibus liberis suis impuberibus « testamento tutorem dare. » Aussi avons-nous déjà indiqué en passant que le bénéfice de cette institution n'était pas refusé aux Latins (*veteres* ou *coloniarii*). Un autre passage du même texte de Gaius peut faire croire que les pérégrins eux-mêmes jouissaient de la même faveur : « Id naturali rationi conveniens « est ut, is qui perfectæ ætatis non sit alterius tu- « tela regatur. » La nécessité de donner un tuteur à un enfant incapable de se gouverner lui-même est d'ailleurs une loi de police et de sûreté, et les lois de ce genre s'appliquent, dans nos idées actuelles, à tous ceux qui habitent le territoire. Cependant au § 1er des Institutes (titre XIII, 1), Justinien caractérise la tutelle comme une institution *jure civili data ac permissa*.

(1) Gaius, I, § 189.

La question nous semble péremptoirement tranchée par un autre texte des Instilutes qui détermine de quelle façon finit la tutelle : « Capitis deminutione tutoris per « quam libertas, vel civitas ejus amittitur, omnis tutela « perit? (1) » La suite du texte en dit autant *a parte pupilli*. Si donc le tuteur et le pupille devenus étrangers — une *capitis deminutio* peut, nous le savons, avoir cet effet — deviennent par là même incapables de gérer la tutelle ou d'y être soumis, la même incapacité frappe certainement les étrangers d'origine.

13. Donc, parmi les étrangers, les Latins seuls peuvent être tuteurs ou pupilles *secundum jus romanum*, et cela est vrai même pour les Latins *coloniarii* bien qu'ils n'aient pas le *connubium*. Examinons d'abord cette tutelle latine au point de vue actif. Le droit d'être tuteur par testament appartient-il au Latin ? Sans doute. Nous verrons plus tard que le Latin a le *commercium*, il a donc la *factio testamenti* qui en est un attribut. Cette conséquence rigoureusement logique a été abandonnée, il est vrai, en ce qui concerne les Latins juniens par la loi Junia elle-même (2); mais aucune raison ne porte à étendre cette disposition concernant les affranchis, aux étrangers, aux véritables Latins. On devine qu'il ne peut être question pour les Latins — du moins pour les latins *coloniarii* — de la tutelle *jure adgnatorum*, puisque ces Latins n'ont pas d'agnats. En ce qui concerne les Latins *veteres*, la solution de la question dépend de celle qu'on adopte à leur égard quant au *jus connubii* lui-même. Rien enfin ne paraît mettre obstacle à l'*exercice* par les

(1) § 4, titre XXII, 1.
(2) Ulpien, § 16, titre XI.

Latins de la tutelle légitime du patron, laquelle a sa source dans le *jus commercii*.

Arrivons à la tutelle latine considérée au point de vue passif. Ici les textes nous abandonnent entièrement, il est bien certain que le Latin *coloniarius* ne peut-être soumis à la tutelle testamentaire puisque son père n'avait pas sur lui la puissance paternelle, « dari testa- « menta tutores possunt liberis qui in potestate sunt» (1); ni à la tutelle légitime des agnats puisque l'*agnatio* n'existe pas pour lui. Quant aux latins *veteres* nous reproduirons l'observation faite à propos de la tutelle active. Le Latin *coloniarius* pourrait-il au moins recevoir un tuteur Alilien ou Julio-Tilien ? C'est assez probable bien que nous ne connaissions pas de texte qui confirme notre supposition.

14. Nous n'avons qu'un mot à dire de la curatelle. C'est une institution tellement parallèle à la tutelle que toutes les solutions données à l'égard de celle-ci peuvent s'appliquer à celle-là.

§ 2. — *Droits réels*.

15. De même que le *jus connubii* sert de base à tous les droits de famille, ce qui domine toute la matière des droits réels c'est le *jus commercii*. Commençons donc par établir la distinction fondamentale qui, au point de vue de ce dernier droit, sépare les Latins—*coloniarii* ou *veteres* — des pérégrins : les premiers ont le *commercium*, les seconds ne l'ont pas. Voyons maintenant quelle condition juridique va ressortir pour les uns et pour les autres de l'application de ce principe à l'ensemble des droits

(1) Ulpien, titre XI, § 15.

réels. Nous ne prétendons pas toutefois passer en revue tous les droits réels, ce serait un traité de droit romain à écrire. Qu'il nous suffise de prendre pour type le droit réel par excellence, le droit de propriété. L'étude de ce droit, au point de vue spécial qui nous occupe, nous permettra de dégager certains principes généraux qui éclaireront la matière tout entière.

16. La conséquence de la distinction fondamentale rappelée plus haut au point de vue du droit de propriété, c'est la possibilité pour le Latin et l'impossibilité pour le pérégrin d'acquérir la propriété romaine, le *dominium*. Disons de suite que cette conséquence n'a aucune importance en ce qui regarde les fonds provinciaux. Sur ces fonds le *dominium* n'aurait pu être acquis même par une personne jouissant du *commercium ;* ces fonds en effet appartiennent en propriété au peuple ou à l'empereur ; ils ne peuvent, par conséquent, appartenir à un particulier quel qu'il soit — du moins avec le caractère absolu de propriété que donne le *dominium*. Quant aux meubles, l'étendue du droit de propriété que les pérégrins pouvaient acquérir sur cette classe de biens dépendait évidemment de la façon dont la législation locale réglait ce droit. C'est donc surtout au point de vue des fonds italiques que la privation du *jus commercii* constituait pour le pérégrin une véritable infériorité de condition juridique. Là, en effet, la législation romaine n'admettait la compétition d'aucune autre législation, et dès lors les pérégrins se trouvaient en face de citoyens romains ou de latins investis du *dominium*, incapables eux-mêmes d'avoir un autre droit qu'un simple droit de possession. Et cependant, même ramenée à cette portée restreinte, l'infériorité de condi-

tion juridique dont nous parlons, n'a de signification *pratique* que dans les premiers temps de la législation romaine. Bientôt, en effet, le préteur prend sous sa protection toute-puissante ce droit de possession, maigre apanage du pérégrin, et, tout, en lui laissant sa qualité de simple possession, il le dote de tous les avantages de la propriété.

17. Passons aux modes d'acquérir la propriété. Quant aux modes originaires, notamment à l'acquisition au moyen de l'occupation des *res nullius*, la législation romaine ne fait aucune différence entre les citoyens romains et les étrangers. « Feræ igitur et bestiæ », dit Justinien (1), « simul atque ab aliquo capta fuerint, jure « gentium statim illius esse incipiunt. »

18. Tout autres sont les principes en ce qui concerne les modes d'acquisition dérivés. A cet égard la consé-quence de notre distinction fondamentale entre Latins et pérégrins, au point de vue du *jus commercii*, reparaît avec toute sa force. Ulpien nous donne une énuméra-tion des modes d'acquisition dont nous parlons (2); eh bien ! parmi ces modes un seul, la tradition, est acces-sible aux pérégrins, les autres, la mancipation, l'usu-capion, l'*in jure* cession, l'adjudication, la loi, sont le privilége exclusif de ceux qui jouissent du *commercium*, c'est-à-dire des citoyens romains et des Latins. Et cette exclusion a un caractère tellement rigoureux que la présence seule à la mancipation d'un pérégrin jouant le rôle de témoin vicie toute l'opération. Rien de plus lo-gique d'ailleurs que cette exclusion ! La mancipation, l'*in jure* cession, l'adjudication, l'usucapion, la loi, con-

(1) Instit., II, titre I, § 12.
(2) Ulpien, XIX, § 2.

duisent également au *dominium*; l'incapacité du *pérégrin* à se servir de ces modes d'acquisitions n'est donc qu'une conséquence de son incapacité à acquérir le *dominium*. Restaient à sa disposition dans les limites de la juridiction de sa cité les modes d'acquisition que la législation locale, consacrait, sans que cette législation pût, nous le savons, empiéter sur les institutions de la métropole. Restait aussi, nous l'avons dit déjà, même vis-à-vis de la législation romaine, la tradition. En cette matière, comme dans la matière du mariage, le progrès des relations internationales, si on peut appeler ainsi des relations se produisant entre les membres d'un même Etat politique, a donc amené les Romains à reconnaître un *jus gentium* auquel ils firent la concession d'une part, restreinte il est vrai, de leur propre législation. Précisons les effets de cette tradition *juris gentium*. A cet égard il faut distinguer entre les choses *mancipi* et les choses non *mancipi*. Quant à ces dernières, l'effet de la tradition est aussi complet que possible ; il transfère la propriété intégrale *juris gentium*. Pour ce qui est des choses *mancipi* un passage des *Fragmenta Vaticana* (1), fortifié par un passage d'Ulpien (2) nous indique une nouvelle distinction. Il semble, en effet, résulter de ces deux textes que si, à l'égard des fonds italiques et des servitudes rurales en Italie, la tradition, conformément aux principes, ne transfère jamais qu'un droit de possession, les choses *mancipi* mobilières perdent dans les rapports des Romains avec les pérégrins leur caractère de choses *mancipi* et sont susceptibles d'être transférées en toute propriété par l'effet d'une simple tradition. Il résulte de

(1) Vat., § 47.
(2) Ulp., I, 16.

là que la tradition acquiert ainsi entre les mains des pérégrins une efficacité qu'elle n'a pas entre citoyens romains, puisque, entre citoyens romains, la même tradition appliquée aux choses *mancipi* ne donne à l'*accipiens* que le *jus in bonis*. Eclairons ceci par un exemple : Un citoyen romain livre un esclave à un pérégrin — un second esclave est livré par un citoyen romain à un citoyen comme lui. Que s'est-il passé? Dans le premier cas, le citoyen romain n'a gardé aucun droit sur l'esclave, objet de la tradition, et le pérégrin en a acquis la propriété intégrale *ex jure gentium*. Dans le second cas, au contraire, comme l'esclave est une chose *mancipi* et qu'il a été seulement livré, *traditus*, la propriété s'est divisée, le *tradens* a gardé le *jus Quiritium* et l'*accipiens* a reçu le *jus in bonis*.

18. La tradition ne pouvait, on devine pour quel motif, avoir une efficacité aussi grande à l'égard des fonds provinciaux. Le préteur intervint ici encore et substitua à la tradition une quasi-tradition qui, pour ne pas blesser le droit de propriété du peuple romain ou de l'empereur, ne transférait que la possession, mais nous savons déjà que cette possession ne le cédait en rien au point de vue des avantages pratiques, au droit de propriété le plus complet.

18. Le préteur fit mieux encore. A l'image de l'usucapion refusée aux pérégrins et ne s'appliquant pas aux fonds provinciaux, il créa la *prescriptio longi temporis*, qui, au moyen d'une exception, donnait au posesseur pérégrin, ou au posesseur quelconque d'un fonds provincial, le moyen de repousser après dix ou vingt ans de possession la revendication du véritable propriétaire. On sait que cette création prétorienne fut préférée plus

tard dans la pratique à l'usucapion et que cette préférence, amena la fusion des deux institutions. Mais ceci est étranger à notre sujet.

19. Restent encore l'adjudication, l'*in jure cessio* et l'acquisition legs que nous avons déclarées inacessibles au pérégrin et qui lui sont restées inacessibles en effet, après quelques fluctuations législatives relatives au dernier de ces trois modes d'acquisition. Nous aurons l'occasion d'en dire un mot plus tard.

20. Parmi les moyens d'acquérir la propriété, Ulpien ne mentionne pas la donation. C'est qu'effectivement dans l'esprit comme dans la langue du droit classique, la donation ne constitue pas *un mode* particulier d'acquisition, mais plutôt *la cause* de l'acquisition que l'on fait d'ailleurs à l'aide des moyens ordinaires, mancipation, cession *in jure*, tradition. Mais cette *cause* d'acquisition peut-elle avoir son effet à l'encontre d'un pérégrin ? Nous ne parlons pas des Latins qui ont le *commercium*. A cet égard, M. Chambellan, dans ses études historiques, distingue entre la donation entrevifs qu'il déclare *juris gentium* et la donation à cause de mort, que la législation assimile au legs et que, pour cette raison, l'honorable professeur refuse au pérégrin. L'assimilation dont il s'agit semble bien résulter en effet de certains textes d'Ulpien, que M. Glasson, professeur à la Faculté de Paris, a fait valoir il y a quelques années avec une lucidité parfaite. Ainsi, dans la loi 32 (§ 8, 24, 1) Ulpien parle d'un militaire qui, ayant subi une condamnation, a fait une donation à cause de mort, tandis qu'il avait obtenu la permission de faire un testament, et il dit : « Donatio valebit nam et mortis causa « donare potest cui testari permissum est. » Le même

jurisconsulte donne une solution identique dans la loi 1, § 1, 27, 3 et dans la loi 7, § 6, 39, 5.

21. En parlant de la donation à cause de mort nous avons touché incidemment à la condition des étrangers en matière de legs. De ce que nous avons dit à ce propos se dégage clairement le principe que cette cause d'acquisition applicable aux Latins, ne l'est pas aux pérégrins ; simple conséquence de la condition différente des deux classes d'étrangers au point de vue du *jus commercii*. Toutefois l'incapacité des pérégrins souffre une exception en ce qui concerne les testaments des militaires. Parmi les nombreux priviléges dont Rome avait gratifié les instruments de ses desseins ambitieux figure la faculté d'instituer les pérégrins et de leur faire des libéralités testamentaires.

23. Si la faculté de recueillir un legs *jure civili* ne fut, sauf l'exception que nous venons de mentionner, jamais accordée aux pérégrins, ils purent, à une époque de la législation romaine, en recueillir l'équivalent à l'aide d'un fidéi-commis. C'est, paraît-il même, le désir de favoriser les pérégrins qui donne naissance à l'usage des fidéi-commis (1), passé depuis du droit coutumier dans le droit civil (2). Cette faveur fut éphémère, du reste. Un sénatus-consulte rendu sous Adrien, à la de-

---

(1) *Fere hæc fuit origo fideicommissorum*, Gaius, § 285, II.

(2) M. Accarias (Précis de droit romain, n° 65) établit à cet égard une distinction entre les pérégrins ordinaires et les dedititii ; ces derniers auraient été incapables de recueillir une libéralité testamentaire faite même par fidéi-commis. L'auteur cite à l'appui de son affirmation le § 25, I *de Gaius*. C'est évidemment une erreur. Le texte cité dit bien : « Hi vero qui dediticiorum numero sunt nullo modo ex testamento capere possunt. » Mais il ajoute aussitôt : « Non magis quam qui liber peregrinusque est. »

mande de cet empereur, ramena sous ce rapport l'égalité entre les *dedititu* et les autres pérégrins : les fidei-commis faits en faveur des pérégrins furent désormais attribués au fisc.

§ 3. *Des obligations.*

23. Le mode véritablement romain de s'obliger c'est la *stipulation* qui n'est du reste qu'un souvenir de l'ancienne cérémonie *per æs et libram*, plus essentiellement romaine encore. Que cette ancienne cérémonie fût inaccessible aux étrangers, point de doute. Il faut aller plus loin et reconnaître que la stipulation elle-même fut, pendant un temps plus ou moins long, l'attribut des personnes ayant le *commercium*, c'est-à-dire des citoyens romains et des Latins à l'exclusion des pérégrins (1). Mais ici encore les nécessités de la vie sociale aussi impérieuses entre peuples qu'entre individus, imposèrent à la législation romaine le sacrifice de ses idées exclusives. La stipulation fut mise au service des étrangers ; seulement par une dernière et quelque peu ridicule réserve de l'égoïsme national, les citoyens romains gardèrent pour eux la formule *spondes-ne-spondeo*. « *Cæteræ juris gentium sunt,* » dit Gaius (2).

24. Puisque la stipulation, mode romain par excellence, est cependant à la portée de pérégrins, nous pouvons hardiment conclure que tous les autres modes leur sont également accessibles, qu'ils peuvent notamment s'obliger, *re consensu*, nous faisons une réserve quant au contrat *litteris*. Nous savons qu'on distingue quatre espèces de contrats *litteris : expensilatio, transcriptitium*

(1) M. Machelard, à son cours.
(2) § 93, III.

nomen, arcarium nomen, chirographum sive syngraphum. Il semble que l'*expensilatio* ne pouvait intervenir qu'entre personnes possédant le *commercium*. En effet, elle suppose accomplie la cérémonie de la mancipation. Quant au *nomen transcriptitium*, nous avons une sous-distinction à faire. La novation, objet du *nomen transcriptitium*, était-elle *a persona in personam*, les jurisconsultes romains étaient d'accord pour en refuser le bénéfice au pérégrin. Etait-elle *a re in rem*, une controverse divisait les deux grandes écoles romaines : tandis que le jurisconsulte Nerva se prononçait pour la nullité, les jurisconsultes Sabinus et Cassius déclaraient l'opération valable(1). Gaius ne nous donne pas la clef de cette différence à coup sûr bien subtile et nous avouons l'avoir cherchée en vain nous-même. Pour ce qui est d'une part des *arcaria nomina* qui sont plutôt le moyen de constater l'instance d'une obligation que d'en contracter une et d'autre part des *chirographa* et *syngrapha*, rien ne s'opposait à ce que les pérégrins pussent s'en servir. En ce qui concerne même les *chirographa et syngrapha*, l'origine de ce mode d'obligation est pérégrine, et du temps de Gaius il demeurait propre aux pérégrins (2).

25. L'obligation valablement contractée entre citoyens romains et pérégrins peut valablement aussi recevoir toutes les modalités que consacre la législation romaine. Elle peut être contractée à terme, sous condition ou solidairement; elle peut recevoir une force plus grande par l'adjonction d'un *adpromissor*. Cependant Gaius nous apprend (3) que parmi les *adpromissores*, le *sponsor* et le

(1) Gaius, § 133, III.
(2) Gaius, § 134, III.
3) Gaius, § 119, I.

fidepromissor ne peuvent garantir qu'une obligation verbale. Nous devons en conclure, que pendant l'époque très-ancienne, où la stipulation était interdite au pérégrin, celui-ci ne pouvait avoir ni de *sponsor* ni de *fidepromissor*. Bien plus, même depuis l'admission du pérégrin à l'usage de la stipulation, l'intervention du *sponsor* et du *fidepromissor* en sa faveur donnait lieu à une difficulté. On se demandait notamment si, un étranger ayant stipulé à l'aide des termes *spondes-ne-spondeo*, cette obligation nulle *jure civili* était ou non susceptible d'être garantie par un *sponsor* ou un *fidepromissor*. Ajoutons encore, qu'une loi furia, rendue en l'an 659 de la fondation de Rome établit, au point de vue de la *sponsio* et de la *fidepromissio*, une différence notable entre la province et l'Italie. En effet, cette loi qui divise de plein droit l'obligation entre les *sponsores* ou *fidepromissores* d'un même débiteur n'étant applicable qu'en Italie, la province reste sous le régime créé par la loi Apuleïa rendue en l'an 652. Or, aux termes de cette loi, les différents *sponsores* ou *fidepromissores* étaient tenus *in solidum*.

26. Nous avons parlé jusqu'ici des *contrats*; nous n'avons que peu de choses à dire des *pactes*. On devine que le droit prétorien organisateur de ce mode d'obligation n'a pas été plus sévère pour les pérégrins que le droit civil. Les pactes avec tous leurs effets sont incontestablement *juris gentium*.

27. La matière des *quasi-contrats* ne presente guère plus de difficultés. Pour déterminer les conditions des étrangers à ce point de vue, il suffit d'appliquer les notions que nous avons déjà sur leur condition au point de vue des droits de famille et des droits réels. Ainsi, le

pérégrin ne pouvant être tuteur il ne peut être question pour lui de l'action *tutelæ* à laquelle le Latin au contraire pourra donner lieu. Ainsi encore, le pérégrin de même que le Latin — du moins le latin *coloniarius* — ne pouvant être héritier testamentaire, sauf l'exception relative aux militaires, ils ne peuvent ni l'un ni l'autre se trouver soumis aux obligations contractuelles qui découlent de ce chef. En revanche, comme l'étranger, même le pérégrin, peut être propriétaire et créancier en général, il n'y a rien d'incompatible entre sa condition et les obligations auxquelles donnent lieu l'indivision, la gestion d'affaires, le paiement de l'indu.

28. Disons un mot des délits et quasi-délits. Sur ce point Rome dut plus tôt que sur beaucoup d'autres faire des concessions aux étrangers en faveur de sa propre défense. Comme toujours en pareil cas, elles eut recours à un expédient pour sauvegarder du moins les apparences. Voici ce que nous dit Gaius (1) : « Item civitas « romana peregrino fingitur si eo nomine agat aut cum « eo agatur quo nomine nostris legibus actio constituta « est, simodo justum sit eam actionem ad peregrinum « extendi; veluti si furti agat peregrinus aut cum eo « agatur. » Remarquons que Gaius parle des actions *nostris legibus constitut.* En effet, quant aux actions pénales ayant leur source dans le droit prétorien, il n'était certainement pas nécessaire de recourir à la fiction que nous indique Gaius pour rendre le pérégrin capable de comparaître devant le tribunal du préteur.

29. Il nous reste à parler de l'extinction des obligations. Puisqu'il est permis à l'étranger de s'obliger, il

(1) § 37, IV.

faut bien qui lui soit permis aussi d'éteindre son obligation. Et, à cet égard il n'y a pas de raison pour distinguer entre les différents moyens d'extinction. Cependant, il est bien certain que le paiement imaginaire *per æs et libram* dont parle Gaius aux § 173, 174 (III) devait être inaccessible au pérégrin. Enfin, il y a quelque chose de particulier pour le pérégrin en ce qui concerne l'effet extinctif de la *litis contestatio*. Pour le pérégrin jamais il n'a pu y avoir de *judicium legitimum* ; il a donc toujours dû se servir de l'exception *rei judicatæ* pour faire valoir l'effet de la *litis contestatio*. On sait d'ailleurs que plus tard le système du *judicium imperio continens* a généralement prévalu.

§ 4. *Des actions.*

30. S'il est vrai que l'action n'est autre chose que le droit porté en justice, il doit être exact de dire que les actions ont pour les étrangers la limite de leurs droits. Cela est exact en effet ; aussi, parallèlement au mouvement qui porte la législation romaine à abaisser en faveur des étrangers la barrière infranchissable d'abord des *droits* longtemps réservés aux citoyens romains, nous voyons apparaître et se développer la juridiction prétorienne. Nous retrouvons ici encore le système des expédients. On ne veut pas ouvrir les portes du tribunal à l'étranger, mais on institue, vers l'an 507, un magistrat spécial, le *prætor peregrinus*, pour rendre la justice soit entre pérégrins, soit entre Romains et pérégrins — il n'est pas question des Latins, qui ont le *commercium*. On ne veut pas mettre à la portée des étrangers les actions de la loi, mais le préteur crée en faveur des

étrangers toute une procédure nouvelle. « Je suis convaincu, dit M. Ortolan, que c'est l'accroissement des relations avec les pérégrins et la nécessité de rendre justice dans les affaires où ils étaient mêlés qui ont suscité et développé les premiers germes du second système de procédure. »

31. Selon toutes les probabilités, les premières formules délivrées par le *prætor peregrinus* furent rédigées *in factum*, Il est certain que le pérégrin ne pouvait pas prétendre : « *aliquid ejus esse ex jure quiritium*, » puisque la propriété romaine, le *dominium*, lui était interdite. La prétention : « *sibi dare apportere* » n'était pas davantage admissible dans sa bouche, puisque *dare*, c'est précisément transférer le *dominium*. Les formules *in factum* obviaient à cet inconvénient. Le préteur met de côté la question de *droit* et s'attache simplement à la question de *fait*, voilà un premier expédient. Bientôt les relations, et par suite les contestations internationales se multiplient et l'expédient paraît trop incommode. Le *jus gentium* envahit le droit civil et le *prætor peregrinus* s'enhardit. Un second expédient, plus subtil peut-être, mais plus radical, est substitué au premier : *civitas romana fingitur peregrino*. Le pérégrin n'est pas citoyen, mais on fait tout comme. Voilà *l'action fictice* que nous avons déjà rencontrée dans cette étude.

32. Nous nous sommes borné à poser le principe de la correspondance entre les droits accordés au pérégrin et les actions dont il peut se servir. C'est là en effet tout ce que comporte le plan de cette étude. Nous voulons cependant, ainsi que nous l'avons fait, en parlant des droits, éclairer notre principe par un exemple. Nous savons que si le droit de propriété était refusé à

l'étranger, le droit de possession qui pourrait lui appartenir, avait reçu du préteur tous les avantages de la propriété. Eh bien ! un de ces avantages c'est précisément,
à notre point de vue actuel, le droit de reconquérir la
possession perdue, non au moyen d'une revendication
ordinaire réservée aux propriétaires, mais au moyen
d'une action absolument équivalente dans ses résultats,
dite : action en revendication *utile*.

DROIT FRANÇAIS

PREMIÈRE PARTIE

CHAPITRE PREMIER

ORIGINES

1. Nous savons que ce n'est pas dans le droit romain qu'il faut chercher l'origine de la condition juridique des étrangers en France. Il y a un abîme entre les principes du droit romain en cette matière et les principes des lois barbares et des anciennes coutumes françaises auxquels le Code civil se rattache par une filiation incontestée. Cet abîme a son explication. Mais c'est à tort qu'on a voulu la trouver dans la constitution de Caracalla que nous connaissons déjà. Que, lors de l'invasion des barbares, la distinction des *cives* et des *peregrini* n'existait plus; qu'ainsi les pratiques rigoureuses contre les étrangers que nous trouvons en vigueur déjà sous les deux premières races et avant la renaissance du droit romain, n'ont pu être implantées sur le sol français que par les barbares, — rien de plus certain. Mais la

constitution de Caracalla n'y est pour rien. L'histoire nous montre encore après cet empereur des Latins et des Pérégrins dans le monde romain. La disparition des uns et des autres fut l'œuvre d'autres mains. La philosophie stoïcienne avait déjà jeté dans la société romaine l'idée de droits naturels à l'homme, lorsque le christianisme vint transporter cette idée du domaine des spéculations dans le domaine des réalités. Cette idée régnait en souveraine au moment de la formation des Etats modernes; la distinction du *citoyen* et de l'*étranger* était par suite trop effacée à ce moment pour avoir pu donner naissance au droit exorbitant que nous trouvons contre l'étranger dans les premiers temps qui suivirent l'invasion de la Gaule par les barbares.—Et puis, on ne peut concevoir un droit *civil* dans le sens romain, c'est-à-dire une collection de facultés réservées exclusivement à une classe, que là où il se trouve une classe absolument prépondérante. Or, qui aurait pu revendiquer une telle prépondérance juridique dans la Gaule conquise? — Les vaincus? — Non, certes, qu'on leur laissât leur loi, c'était assez. Les vainqueurs? — Non, encore, puisqu'ils souffraient à côté de leur loi une loi rivale.

2. Si la pensée de rattacher la condition civile des étrangers en France au droit romain n'a trouvé que peu de partisans, une opinion assez générale lui assigne une origine féodale. La création du droit d'aubaine n'est dans cette opinion qu'un empiètement du pouvoir royal sur le droit des seigneurs. Mais *empiéter* ce n'est pas *créer*, et de fait la royauté s'est seulement *attribué* un droit exercé depuis longtemps par la noblesse. Reste donc toujours à trouver quand et comment le droit lui-

même est né. Là-dessus certains esprits se sont mis en campagne et ont cru pouvoir fixer cette naissance au milieu du XIVe siècle. Le droit d'aubaine aurait été établi à cette époque en haine des Anglais et en représaille d'un statut, non expressément abrogé encore à l'heure qu'il est, portant défense à tout Français d'habiter l'Angleterre, sous peine de mort.

3. Cette donnée historique ne nous paraît avoir rien de sérieux. A notre sens, il faut renoncer à voir dans la condition faite aux étrangers en général, et dans le droit d'aubaine en particulier, une création arbitraire. Nous en chercherons plus volontiers les premières traces avec M. Demangeat (1) dans les mœurs, dans les coutumes germaniques, dans ce système de garantie réciproque qui rattachait par un lien si étroit et si exclusif à la fois tous les membres d'une même communauté. — Qu'il nous soit permis de ne pas nous contenter d'indiquer ces traces. Nous essayerons de suivre la piste, en courant du moins. Elle nous conduira des forêts vierges de la Germanie dans les plaines fertiles de la Gaule, et, à travers la longue filière des institutions féodales, elle nous mènera jusqu'aux portes du temple élevé par les législateurs de 1804.

(1) Hist. de la condition des étrangers en France.

CHAPITRE II.

ORIGINES GERMANIQUES.

4. Les Germains donnaient le nom de *Warganei* ou *Gargangi* à tous les hommes non-serfs qui, une fois sortis de l'enfance, — à l'âge de 12 ans chez les Saxons, — ne faisaient partie d'aucune communauté d'hommes libres. Le bienfait de la communauté était double. La communauté protégeait chaque membre contre les méfaits des autres, et elle garantissait aux autres la réparation des méfaits commis par chaque membre. Le Warganeus placé en dehors de la communauté ne jouissait d'aucune protection, — il se trouvait donc tout simplement hors la loi, il ne présentait aucune garantie, — la sécurité publique autorisait donc toutes les mesures par lesquelles on le mettait dans l'impossibilité de nuire. Aussi trouvons-nous des textes nombreux attestant l'habitude des Germains de réduire en esclavage les étrangers (1). Cependant il semble difficile de concilier ces textes avec ce que nous lisons dans Tacite, au § 22 de sa Germanie : « Convictibus et hospitiis non « alia gens effusius indulget; quemcumque mortalium « arcere tecto nefas habetur... » Bien plus, la loi des Burgondes va jusqu'à porter une amende de 3 sous d'or contre quiconque aurait refusé l'hospitalité à un étranger. Mais, pour ce qui est de cette loi d'abord, la pénalité même qu'elle porte présuppose comme com-

____

(1) V. Meginhard, agiographe. *Translatio sancti Viti*, cap. 13.

mune l'existence du fait ainsi puni. Par là se trouve mise en doute l'assertion de Tacite dont les assertions en cette matière ne peuvent en général être accueillies qu'avec défiance. Tacite écrivait pour Rome, et il est permis de croire qu'il sacrifiait parfois la vérité, au besoin de faire la morale à ses concitoyens fût-ce au moyen d'un tableau de vertus imaginairement pratiquées ailleurs. L'hospitalité pour l'étranger est un de ces tableaux, — l'esclavage pour tout Warganeus, voilà le fait. Cependant le Warganeus pouvait y échapper — en trouvant un patron. Il avait alors un protecteur, — il n'était donc plus hors la loi. Il avait un garant, — les nécessités de sûreté qui justifiaient les mesures rigoureuses prises contre lui n'existaient donc plus.

CHAPITRE III.

ORIGINES MÉROVINGIENNES ET CARLOVINGIENNES.

5. Passons maintenant en Gaule à la suite des conquérants. Nous retrouvons les mêmes principes et nous les voyons se perpétuer sous les deux premières races. Toutefois les sauvages habitants de la Germanie transplantés en Gaule, les guerriers nomades établis sur le sol conquis ont changé de vie, et à ce changement dans la vie doit correspondre une modification dans les principes. Avant la conquête, l'Etat en Germanie — s'il est permis d'appliquer une telle expression à une société aussi peu stable, — l'Etat, c'est la tribu nomade, — l'étranger, c'est l'individu qui n'appartient pas à

cette tribu. Après la conquête, les Francs nomades deviennent propriétaires ; les anciennes associations viennent peu à peu se dissoudre ; l'Etat, désormais, ce n'est plus seulement une réunion d'hommes, c'est une réunion d'hommes sur un territoire déterminé, — l'étranger, c'est l'individu né en dehors de ce territoire.

6. Mais si la réponse à cette question : qui est étranger ? change, la réponse à cette autre question : quelle est la condition de l'étranger ? reste à peu de chose près identique. En effet, sans parler même des influences des anciennes idées germaniques, deux moyens d'existence s'ouvraient en Gaule pour le Franc. Il pouvait, comme prix de son concours à la conquête, recevoir une terre et s'y fixer avec sa famille ; il pouvait aussi, — et c'est le parti que préférait un grand nombre, — vivre comme par le passé, autour d'un chef de bande qui payait son appui et son courage par des banquets et des distributions de butin. Or, l'un et l'autre de ces partis était fermé à l'étranger. Abandonné par conséquent à lui-même il restait hors la loi comme par le passé. Comme par le passé aussi, il devait trouver un protecteur s'il ne voulait subir un maître ; aliéner son indépendance pour échapper à l'esclavage. Là, est l'origine de la *recommendatio* devenue si fréquente sous les deux premières races.

Les capitulaires sont remplis de dispositions destinées à protéger les étrangers contre des abus apparemment fort fréquents ; Charlemagne notamment se montre plein de sollicitude pour eux ; mais, malgré ces efforts louables il n'est pas douteux qu'en général leur condition était celle de *colons* ou *serfs de glèbe*. Nous en trouvons la preuve dans un document, sorte de lettres patentes, émané de Charlemagne en faveur d'Espagnols qui avaient été reçus dans l'empire. Il y est défendu aux comtes d'exiger de ces étrangers aucun cens. Cette défense exceptionnelle atteste l'existence d'une règle générale contraire.

7. Nous avons toutefois laissé entrevoir qu'un certain nombre d'étrangers échappait au servage, grâce à une protection trouvée. Echappaient-ils aussi à la loi jalouse de l'ancienne Germanie qui les excluait du cercle des droits publics ou privés réservés aux membres de la tribu? Non, certes, ce cercle s'était élargi, il comprenait aujourd'hui tous les membres de l'*Etat franc* substitué à la tribu germaine; — il restait fermé à tout ce qui n'était pas franc. Et nous n'avons pas de distinction à faire entre les droits civils ou privés et les droits politiques; dans l'enfance des civilisations cette distinction n'existe pas. Ainsi donc, l'étranger n'a ni le droit de porter les armes pour une patrie qui n'est pas la sienne, ni le droit de représenter au *champ de mai* et aux *placita* des intérêts qui ne sont pas les siens, ni le droit d'acquérir sur ce sol conquis par d'autres le droit de propriété, du moins de propriété parfaite, la *terra salica* ou l'*alleu*. Il ne peut contracter un mariage avec une personne franque ni en avoir des enfants légitimes d'après la loi des Francs. Il ne peut enfin, — et nous voyons poindre ici ce droit *d'aubaine* dans lequel ont fini par se résumer toutes les règles rigoureuses imposées à l'étranger, — il ne peut recueillir une succession ouverte sur le territoire franc. Nous voyons, en effet, au § 9 du premier Capitulaire de l'an 806, intitulé : *Charta divisionis regni Francorum*, que, divisant son empire entre ses 3 fils, mais voulant que, malgré ce frac-

tionnement des liens intimes continuassent à subsister entre les sujets des 3 princes, Charlemagne est obligé de déclarer expressément que tout homme libre sera capable de recueillir la succession de son parent, quand même la succession viendrait à s'ouvrir dans l'un des autres Etats.

CHAPITRE IV.

ORIGINES COUTUMIÈRES.

8. Nous arrivons dans notre marche rapide à une époque nouvelle qui s'ouvre avec l'établissement de la féodalité et aboutit à la révolution de 1789. Le droit coutumier n'a pas créé pour les étrangers une position tout à fait nouvelle. Ce droit n'est pas sorti armé de toutes pièces du régime féodal; le lien le plus intime le rattache au contraire aux institutions germaniques que Tacite nous a fait connaître. L'état social a subi, il est vrai, des modifications profondes, mais dans cette constitution nouvelle de la société on trouve des considérations nouvelles pour expliquer des principes que l'on veut conserver. N'était l'influence du droit romain depuis la création de l'Université de Bologne, nous ne trouverions dans la condition des étrangers, durant les premiers siècles de cette époque, qu'une différence de *nom*. Le nom a changé en effet. Les anciens *warganei*, *gargangi*, *advenæ* ou *peregrini* apparaissent presque constamment sous la dénomination *d'aubains* ou sous celle

d'*épaves*. Le nom d'*aubains*, *albani*, se trouve pour la première fois employé au ix° siècle. On regarde en général ce nom comme une contraction d'*alibi natus*. M. Demangeat ne voit dans cette étymologie qu'un jeu de mots ridicule, et ce qui le prouve, dit-il, c'est que précisément à l'origine on a quelquefois appelé *aubains* des individus *nés en France*. M. Demangeat croit avec Laurière trouver l'étymologie du mot dans l'habitude commune au moyen âge de désigner plusieurs peuples par un nom commun à l'un d'eux. C'est ainsi qu'aujourd'hui encore les Turcs ont conservé l'épithète de *Francs* comme synonyme d'infidèles. D'après cela, M. Demangeat fait dériver *aubain* d'*Albanus*, nom particulier des Ecossais. A cette époque, les Ecossais formaient avec les Anglais la grande majorité des étrangers résidant en France.

9. Quant au nom d'*épaves* il vient du latin *expavefacta*. On désignait ainsi à proprement parler les animaux effarouchés qui s'étaient éloignés de leur troupeau et dont on ne connaissait pas le maître. Bien que *aubains* et *épaves* ne fussent pas absolument synonymes, la distinction que font entre eux plusieurs textes ne paraît pas avoir d'importance pratique.

10. Cependant on a reconnu pendant plusieurs siècles, en France, deux classes d'étrangers qu'on ne saurait confondre, parce qu'on n'appliquait pas tout à fait le même droit à l'une et à l'autre. La première classe comprenait les individus qui quittaient soit l'évêché, soit la chastellerie (c'est-à-dire le territoire du baron), où ils étaient nés pour aller s'établir ailleurs. Ils étaient regardés et traités comme étrangers ou *aubains* dans le nouveau diocèse ou dans la nouvelle chastellerie où

ils venaient résider, et ils y étaient soumis à ce qu'on nommait *droit d'aubainage*. La seconde classe se composait de ceux qui étaient nés hors du royaume et qui venaient se fixer en France. C'était là proprement les *aubains*, et ils étaient soumis au droit d'*aubaine*.

11. Quelques mots sur la première classe. Nous avons parlé de la *recommendatio*. Cet usage, qui plaçait le faible sous la protection du fort, fut surtout utile aux étrangers. Le protecteur naturel c'était l'officier quelconque, *comte* ou autre. Le comte, devenu, avec le temps souverain à peu près indépendant, conserva l'usage de la protection, mais pour son propre avantage. Tout individu résidant dans le territoire du suzerain dut se mettre au nombre de ses vassaux ou de ses serfs. Par suite, dans les premiers temps du moins de la féodalité, toute personne qui passait d'une seigneurie dans une autre, si elle n'était revendiquée par le seigneur qu'elle quittait, devait venir se reconnaître *homme* du nouveau seigneur qu'elle avait choisi, faire aveu selon le terme technique. Plus tard, quand il y eut dans le système féodal toute une échelle de seigneurs remontant depuis le dernier vavasseur, jusqu'au roi grand fieffeux de son royaume, le cercle dans lequel il était permis de se mouvoir s'étendit; pour être sujet au droit d'aubainage il fallait qu'on fût sorti non-seulement de la terre du vavasseur auquel on était immédiatement soumis, mais encore du fief du baron ou grand vavasseur qui relevait immédiatement de la couronne. Voici maintenant, d'après l'*Etablissement de Saint-Louis*, sous quel rapport la condition de cet *aubain* était plus dure que celle des serfs auprès desquels il était venu se fixer. D'abord s'il avait laissé écouler un an et un jour sans faire *aveu*, le

baron acquérait sur lui une sorte de saisine et pouvait confisquer tout son avoir. En deuxième lieu cet *aubain* devait toujours, par son testament, léguer 4 deniers au baron. Sous tous les autres rapports sa position juridique était identiquement la même que celle des personnes originaires de la chastellerie où il était venu s'établir. Bien que l'*Etablissement de Saint-Louis* n'ait pas eu un caractère officiel, il est permis de croire que le même droit à peu près était suivi dans tous les pays coutumiers à l'égard de cette espèce d'aubains.

Cet usage barbare qui faisait considérer en France des Français comme étrangers, était destiné à disparaître avant la fin même du moyen âge. Il n'est pas aisé toutefois de préciser autrement l'époque de sa disparition. Deux causes principales contribuèrent à le combattre : 1°, l'émancipation des communes qui permettant au commerce de prendre son essor, fit sentir la nécessité de rendre les changements de résidence plus faciles ; 2o, l'abaissement successif des feudataires sous les efforts de la royauté.

12. Nous avons maintenant à nous occuper de la seconde classe d'*aubains, des aubains proprement dits.* Mais, avant de quitter la première classe, nous devons faire mention d'un usage qui s'y rattache, usage au moins aussi ancien que l'existence des justices seigneuriales. En vertu de cet usage, nul n'était admis à plaider devant un seigneur autre que celui à qui il avait fait aveu, s'il n'avait avant tout fourni *plèges* ou cautions. Ce n'est que le 14 février 1569 qu'un arrêt du Parlement de Paris décida que la caution *judicatium solvi* ne pouvait jamais être exigée d'un Français, encore qu'il demeurât dans le ressort d'un autre Parlement que celui où il plaide.

13. *Aubains proprement dits.* — L'habitude de réduire les étrangers en esclavage, ou du moins de n'accorder aux étrangers guère plus de droits qu'aux esclaves, ce triste legs des mœurs germaniques, se perpétua pendant presque tout le moyen âge dans beaucoup de pays coutumiers. Laurière dit, avec raison, que le droit d'aubaine était une suite des servitudes personnelles qui existaient au moyen âge ; mais il devrait ajouter que ces servitudes, nées dans les mœurs germaniques, furent, non pas créées, mais simplement facilitées et rendues plus générales par l'anarchie du moyen âge. Partout, dans les textes du moyen âge et même des derniers siècles du moyen âge, nous voyons les étrangers assimilés aux serfs, et il faut descendre au moins au xvᵉ siècle pour trouver l'abolition complète de cette barbarie, que les rois eux-mêmes paraissent avoir été quelquefois obligés d'autoriser, en même temps que de bonne heure ils s'efforcent de la faire tourner à leur avantage. Toutefois, dès avant le xvᵉ siècle, nous voyons un grand nombre d'étrangers libres sur le sol de la France. Mais tout porte à croire que cette liberté dut s'acquérir à prix d'argent, jusqu'au jour où la servitude, proprement dite, qui forme pour ainsi dire la première phase de l'histoire des étrangers en France, fit universellement place à ce qu'on peut appeler *le régime du droit d'aubaine*, régime perpétué jusqu'à nos jours.

14. Parallèlement aux affranchissements nombreux que des nécessités financières imposaient aux seigneurs, les rois français, dès le xiiiᵉ siècle, par une politique plus habile encore que libérale, employèrent toute leur puissance à détruire dans la main des seigneurs un pouvoir monstrueux, sur les ruines duquel ils vou-

lurent élever un régime à la fois plus avantageux à
eux-mêmes et plus doux pour les *aubains*. Nous n'avons
pas à faire l'histoire de la lutte longue et acharnée qui
se poursuivit entre les seigneurs et la royauté, du jour
où celle-ci retirant de l'oubli ce principe, englouti par
la féodalité avec tant d'autres principes, que le roi est
patron des étrangers, fit entrer ainsi les aubains sous
l'avouerie ou protection royale, jusqu'au jour où
Charles VI put dire, dans des lettres patentes du 5 septembre 1386 : « En nostre comté de Champagne sont et
« doivent estre à nous de nostre droict tous les biens
« meubles et immeubles de personnes gens aubains et
« épaves qui y trépassent sans convenables héritiers,
« en quelque haute justice iceux épaves ou aubains
« soient demeurants et où que leurs biens soient. » La
Champagne était une des provinces où la servitude de
corps existait au profit des seigneurs, nous pouvons
donc conclure que, dès cette époque, la royauté avait
réussi à remplacer cette servitude, quant aux aubains,
par certains droits qu'elle seule pourrait exercer.

15. Jusqu'à l'accomplissement de cette révolution,
la condition des étrangers fut, dans la plus grande
partie du pays, analogue à celle des serfs ou mainmor-
tables. Bien plus, presque toutes les incapacités ressor-
tant de cette condition, seulement un peu mitigées,
existent encore dans la personne des étrangers dont,
soit pendant la même période, soit plus tard, on pro-
clamait la franchise. De même que le serf était *tail-
lable*, l'aubain était astreint à certaines redevances an-
nuelles. L'aubain qui épousait une personne d'une
autre condition que lui, ou une personne quelconque
établie dans une autre seigneurie et qui n'avait pas au

préalable demandé l'autorisation du seigneur, payait
une très-forte amende, encourait même dans quelques
lieux la confiscation de ses biens. Il est aussi permis de
penser que, du moins jusqu'au xiiᵉ siècle, le mariage
de l'aubain pouvait dans le même cas, comme celui du
serf, être déclaré nul. Enfin, et toujours dans la même
hypothèse, lors même que l'aubain se mariait avec la
permission du seigneur, il devait payer un certain droit
pour avoir forligné. C'est ce qu'on appelait proprement :
formariage.

16. Arrivons à la principale des incapacités dont les
anciennes coutumes françaises avaient frappé l'étranger, à celle qui, pendant bien des siècles les a le plus
rapprochés des serfs, et que le Code civil n'a pas eu la
gloire d'effacer entièrement, nous voulons parler de la
double incapacité de succéder et de transmettre, soit
ab intestat, soit par testament, soit à des parents, soit à
tous autres héritiers ou légataires. C'est là ce qu'on désignait proprement sous le nom de *droit d'aubaine*, bien
que le même mot fût employé quelquefois dans un sens
plus général pour exprimer l'ensemble des règles de
l'ancien droit relativement aux aubains, et plus souvent
encore dans un sens très-restreint et tout fiscal pour
désigner le droit en vertu duquel le roi prenait la succession de l'aubain par suite de son incapacité de transmettre.

17. Cette double incapacité de recueillir et de transmettre s'est, comme nous l'avons aperçu déjà, perpé-
tuée à travers toutes les transformations de l'état social
des Francs, depuis l'époque où ils n'avaient pas encore
quitté le sol germain jusqu'à l'époque qui nous occupe
en ce moment. En Germanie elle découlait naturel-

lement de l'impossibilité juridique où se trouvait l'étranger de venir au partage périodique du fonds commun à tous les hommes libres du canton. Après la conquête de la Gaule, elle demeura inévitable encore en présence du principe qui refusait à l'étranger la propriété parfaite, c'est-à-dire la terre salique ou l'alleu, apanage exclusif du guerrier franc. A l'époque de Charlemagne la terre salique a perdu son caractère primitif; elle peut par suite d'échanges, de ventes ou de donations appartenir à des personnes autres que les héritiers des premiers conquérants de la Gaule. Néanmoins les étrangers restent incapables de recueillir et de transmettre par succession. Pourquoi? On ne sait en donner une autre raison que la persistance des traditions, traditions auxquelles étaient liés d'ailleurs des intérêts hauts placés. Enfin, lorsque vers le xe siècle la servitude eut de nouveau et d'une manière plus générale atteint tous les étrangers, la double incapacité qui nous occupe trouva une base nouvelle dans ce principe que le seigneur est propriétaire de tout ce que possède le serf, que par conséquent, à la mort de celui-ci, tout ce qu'il a pu acquérir appartient au seigneur qui ne doit aucunement souffrir de ses libéralités.

18. Absolue à l'origine, cette incapacité subsista encore quelque temps dans toute sa rigueur primitive alors même que l'étranger commença à entrer dans la classe des hommes libres. Mais dès le xiiie siècle elle subit quelques restrictions dans plusieurs provinces. Peu à peu le droit du seigneur dut céder devant « *des hoirs légitimes procréées du corps de l'aubain audit royaume.* » Bientôt toute la France coutumière admit cette règle bien clémente dans sa forme restrictive, eu égard au

passé : *espave ou aubain mort ne peut avoir d'héritier que son corps*. On autorise même l'aubain à tester jusqu'à concurrence de 5 sols. Mais cette licence l'Église seule en profitait, puisque la modeste part d'héritage dont on permettait ainsi à l'aubain de disposer était destinée à prévenir l'excommunication posthume dont était frappé le défunt, mort sans avoir laissé quelque libéralité aux détenteurs des foudres spirituelles. Il faut toutefois remarquer que le testament de l'aubain qui, sauf cette légère restriction dont nous venons de parler, était absolument comme nonavenu, n'était point frappé d'une nullité telle qu'il ne fût pas susceptible de s'exécuter sur les biens de l'aubain situés dans son pays. Quant à l'incapacité de recueillir, *l'aubain* en demeura toujours frappé sans aucune limitation.

Par contre, dès que l'*aubain* fut universellement reconnu libre, il put disposer et recevoir par donations entre-vifs. Ceci s'explique par des influences et des traditions juridiques sur lesquelles nous reviendrons.

19. Les règles que nous venons de passer rapidement en revue ont été pendant longtemps les seules reconnues en France. Nous devons maintenant jeter un coup d'œil sur les principes admis successivement en cette matière par la jurisprudence des Parlements. Ces principes, dont quelques-uns avaient passé dans les édits et ordonnances royales, constituent, avec les coutumes, le droit général qui existait encore en 1789 relativement aux étrangers.

19. C'est dans la jurisprudence des Parlements que nous voyons apparaître pour la première fois sur le sol de la France la distinction entre les actes du droit *civil* et les actes du *droit des gens*. L'introduction de cette dis-

tinction, étrangère à coup sûr aux traditions germaniques, ne peut s'expliquer que par l'enthousiasme aveugle, pour le droit romain, des légistes du Parlement élevés à l'école des glossateurs. Cette distinction avait sa raison d'être à Rome, à la fois dans les croyances religieuses et les aspirations politiques du peuple de Romulus ; dans cette origine divine, dont il prétendait sortir, dans cette domination du monde à laquelle il pensait marcher ; croyances et aspirations qui lui faisaient dans la société humaine une place à part et ne lui permettaient pas d'admettre qu'un droit fait pour lui pût aussi être fait pour d'autres.

Dans la France chrétienne, dans la France dépourvue de toute idée de domination universelle, la distinction romaine ne se comprend pas. En France, la marche naturelle des choses, le développement surtout des relations commerciales sur une échelle inconue à la Rome des premiers temps, devait amener rapidement à faire aux étrangers des conditions plus douces, à supprimer même ce droit d'aubaine, héritage des mœurs germaniques. Les Parlements arrêtèrent ce mouvement, et les principes qu'ils professèrent réagirent peu à peu sur les coutumes. Suivant ces principes, les aubains sont capables dans toute la France des actes du droit des gens ; ils peuvent librement vendre, acheter, louer, échanger, hypothéquer même, faire en général tous les actes *juris gentium*. Tous les actes du *droit civil* leur sont au contraire interdits. Le système romain ressuscité ainsi par les Parlements cadrait en partie avec le droit coutumier ; l'un et l'autre se trouvaient d'accord pour défendre à l'étranger de succéder. Le point de départ des deux principes était seulement différent. Le système romain se basait sur le caractère éminem.nent *civil,* privilégié du droit de tester, le système coutumier n'était qu'une suite de l'ancien esclavage des étrangers.

20. Les étrangers pouvaient, d'après cette jurisprudence, faire et recevoir des donations entre-vifs ; ce principe, résultat naturel de l'affranchissement des aubains, se trouvait d'ailleurs conforme au droit romain suivant lequel la donation était d'abord non pas un mode spécial d'acquérir, mais un acte de libéralité susceptible de s'opérer par tous les modes d'acquérir, soit du droit des gens, soit du droit civil et par conséquent accessible aux étrangers. Quand la donation fut ensuite élevée par la législation romaine au rang de contrats, ce fut à une époque où le droit des gens avait envahi le droit civil et où tous les contrats étaient communs aux étrangers.

21. La capacité des étrangers relativement aux donations entre-vifs reçut peu à peu des extensions. La faveur du mariage fit admettre la validité du don mutuel entre époux étrangers. Suivant Bacquet et Bourjon, l'institution contractuelle d'héritier qu'un étranger aurait faite en faveur de son conjoint ou de ses enfants devait être validée. A plus forte raison des gains nuptiaux et de survie pouvaient-ils être stipulés dans le contrat de mariage d'étrangers. Toutefois la faveur du mariage n'allait pas jusqu'à permettre au survivant de deux époux étrangers de succéder à l'autre.

22. La combinaison de ces différentes règles admises par l'ancienne jurisprudence avait produit cette formule générale : *l'étranger vit libre et meurt serf en France,* réminiscence de la formule appliquée à Rome

aux Latins juniens. Mais cette formule était loin d'être littéralement exacte. En général on l'appliquait à la lettre toutes les fois qu'elle empirait la condition de l'aubain. C'est ainsi qu'on lui défendait de tester *etiam ad pias causas*; c'est ainsi qu'on assimilait au testament la donation à cause de mort. Mais il s'en fallait de beaucoup que l'aubain participât à tous les avantages juridiques que les lois garantissaient à l'homme libre pendant sa vie. Et d'abord, bien entendu, tous les droits ayant un caractère public ou semi-public étaient refusés à l'étranger, par cette raison que *l'étranger ne doit avoir aucune autorité dans le royaume*. Mais, même quand aux droits privés, l'étranger ne vivait pas dans toute la plénitude des avantages qui distinguaient l'homme libre régnicole du serf. Nous voyons tout d'abord l'aubain soumis à une obligation à laquelle échappait l'homme libre en général, celle de donner caution dans toute instance où il figurait comme demandeur. L'origine de cette institution se perd dans la nuit des temps. M. Demangeat croit trouver en elle un reste de l'ancienne organisation germanique, de cette fidéjussion universelle qui garantissait en Germanie toute obligation à laquelle pouvait se trouver soumis un homme libre. Quoi qu'il en soit, l'institution se trouve établie en France à la fin du XIIIe siècle et la nécessité de donner caution existe non-seulement pour l'étranger proprement dit, mais en général pour tout individu qui plaiderait en une autre Cour que celle de son seigneur. Dès que cette règle eut été adoptée par la jurisprudence des Parlements, la manie de tout rattacher au droit romain fit qu'on affubla cette obligation particulière de l'étranger demandeur, d'un nom romain, et pour tous les anciens auteurs français, la caution *judicatum solvi*, comme ils aiment à l'appeler, vient en droite ligne du droit romain. Que ce nom emprunté ainsi aux lois romaines désignât dans ces lois tout autre chose, personne n'y prend garde. Pour savoir quand cette caution *judicatum solvi* devait être fournie, on recherchait uniquement si celui qui avait intenté le procès était étranger. Que cet étranger demeurât en France ou hors de France, que le procès s'gitât en première instance ou sur appel, devant un tribunal civil ou criminel, tout cela était indifférent. Il était également indifférent que le défendeur fût étranger ou Français ; la dignité de la justice française se trouvant également en jeu dans les deux cas. Toutefois, on admettait déjà plusieurs exceptions à la nécessité de donner caution. Comme aujourd'hui, on en dispensait l'étranger en cas de possessions suffisantes en France, dans les matières commerciales, pour les causes d'aliments, etc...

23. Autre exception à la règle : l'étranger est libre en France : l'étranger, en règle générale, était soumis de plein droit à la contrainte par corps pour toutes les condamnations, même purement civiles, prononcées contre lui. La différence que cette règle établissait entre sa position et l'homme libre régnicole, n'est devenue réelle que depuis l'ordonnance de 1667, portant l'abolition de l'article 48 de l'ordonnance de Moulins. Cet article disait en termes généraux applicables aux non-étrangers, comme aux étrangers eux-mêmes : « Tous les jugements et condamnations de sommes pécuniaires peuvent être promptement exécutées par toute contrainte. Toutefois, même avant l'ordonnance de

1667, le débiteur étranger était plus rigoureusement traité que tout autre débiteur, en ce qu'il ne jouissait pas du bénéfice de la cession de biens.

Enfin, la jurisprudence défendait à l'étranger d'effectuer le retrait lignager ; l'incapacité de succéder étant admise, cette nouvelle prohibition avait du moins le mérite d'être logique. Cette prohibition ne s'étendait pas au retrait féodal.

Toutes les incapacités que nous venons de passer en revue, peuvent, à la rigueur, se justifier par leur utilité, eu égard surtout aux siècles où elle prit naissance. Mais voici toute une série d'incapacités qui découlent d'un système tout à fait injustifiable. Ce système consistait à rechercher, dès qu'un étranger réclamait un droit quelconque, si dans les lois romaines le droit correspondant était de droit civil ou du droit des gens. Or, nous savons combien cette distinction, naturelle à Rome, était arbitraire en France. Armée de cette distinction, la jurisprudence refusait à l'étranger, soit le droit d'adoption, tant qu'il a existé dans une partie du pays, soit celui d'affiliation dont parlent quelques coutumes. Elle lui refusait, en général, sur ses enfants français ou étrangers la puissance paternelle et notamment le droit de garde. Quant à la prescription, les droits des étrangers en cette matière dépendaient d'une question fort controversée, savoir si la prescription française était l'usucapion du droit civil romain ou la *prescriptio longi temporis* du droit des gens. On admettait toutefois, en général, l'étranger à invoquer la prescription libératoire, cette prescription devant participer de la nature des contrats qui sont *juris gentium*.

24. Il nous reste à dire quelques mots d'un point sur

lequel la jurisprudence et les auteurs, pour .rester fidèles à la législation romaine, tendaient à accorder à l'aubain un droit que le Code civil semble refuser aujourd'hui à l'étranger proprement dit, à celui qui est venu en France sans avoir obtenu du gouvernement français aucune autorisation : *le droit de domicile*. En général l'étranger, dans l'ancienne jurisprudence, était reconnu susceptible d'acquérir un domicile en France. On se fondait, pour le décider, sur plusieurs lois romaines, notamment la loi 7, C. *de incolis*, où le domicile semble être considéré comme le résultat d'une résidence ayant en fait certains caractères, non comme un droit civil réservé à telle classe privilégiée de personnes. Et, ce principe admis, Posthier en tirait une conséquence fort importante : « Lorsque, dit-il, des étrangers, quoique non naturalisés mais *domiciliés* en France sous une coutume qui admet la communauté de biens, sans qu'il soit besoin de la stipuler, y contractent mariage sans passer aucun contrat de mariage, la communauté légale a lieu entre ces personnes. » Réciproquement, si un étranger domicilié dans le ressort de la coutume de Normandie ou dans une province de droit écrit, épousait sans faire de contrat, soit une étrangère, soit une Française, les conjoints devaient être regardés comme mariés sans communauté. En un mot, dès qu'un étranger était domicilié en France, s'il venait à se marier, il avait pour régime légal, non celui du lieu de sa naissance, mais celui de son domicile. Il paraît, toutefois, que ce système n'était pas universellement admis.

25. Le régime de *l'aubaine*, tel que nous venons de l'exposer, ne se conserva pas dans toute sa pureté jus-

qu'en 1789. Dès le xve siècle de nombreuses ordonnances tendirent tantôt à soustraire certaines catégories d'étrangers à la rigueur du droit commun, tantôt à tempérer cette rigueur par des faveurs accordées à tous les étrangers. C'est ainsi que des *lettres d'exemption* pouvaient être accordées soit à une classe de personnes, soit même à une seule personne, comme nous en voyons l'exemple dans les lettres d'exemption délivrées par Charles IX à son frère Henri III, lorsque celui-ci ayant été élu roi de Pologne devint par là même étranger. C'est ainsi encore que de bonne heure l'étranger a été relevé de l'incapacité de transmettre à ses enfants régnicoles. C'était là une faveur accordée au père non aux enfants, puisque l'ancien droit français, à la différence du Code civil, déterminait la nationalité par la naissance et que par suite les enfants, dans l'espèce, étaient de pein droit capables de recueillir la succession paternelle. Mais cette faveur pour le père n'allait pas jusqu'à lui donner la faculté de recueillir la succession de ses enfants.

26. Les aubains avaient un moyen d'arriver à la jouissance complète des droits de nationaux; ils pouvaient obtenir du roi des lettres de naturalité; ce moyen toutefois n'était ouvert qu'aux aubains catholiques. Les lettres de naturalité n'étaient accordées que sous la condition pour l'obtenant de résider constamment en France. L'étranger ainsi naturalisé était tellement relevé à tous les égards de son incapacité, qu'il pouvait même valablement être nommé à un emploi public; mais, d'autre part, il ne pouvait venir à la succession de son parent français ou naturalisé comme lui, tant qu'il y avait des héritiers nés en France même plus éloignés en degré

que lui, à moins qu'il ne fût fils légitime du *de cujns*.

27. Outre ces naturalisations individuelles, les ordonnances royales ont d'assez bonne heure affranchi des rigueurs du droit d'aubaine certaines classes d'étrangers ou des étrangers placés dans telle condition déterminée. Le désir de favoriser le commerce inspira un grand nombre de ces ordonnances. Au moyen âge, sauf trois ou quatre grandes villes, l'activité commerciale dans toute la France était concentrée dans les foires. Aussi les priviléges accordés aux marchands étrangersne s'adressaient, à cette époque, qu'à ceux qui fréquentaient les foires. Ce n'est guère qu'au xvie siècle que la jurisprudence étendit ces priviléges à tous les marchands.

28. Après le commerce, l'industrie obtint sa part d'exemptions du droit d'aubaine, exemptions destinées à faire prospérer certaines manufactures. Lorsque Henri IV, en 1607, établit des manufactures de tapisserie de Flandre, il anoblit les directeurs et leur postérité et déclara *naturels et régnicoles* tous les étrangers qui viendraient y travailler. Les édits de 1554 et de 1687 établissaient des priviléges analogues, le premier pour les militaires, le second pour les marins étrangers entrés au service de la France. D'après Lebret (1) et Choppin (2) les écoliers qui venaient de pays étrangers étudier dans une université, étaient exempts du droit d'aubaine pendant la durée des cours.

29. Enfin, des nécessités financières amenèrent les rois français à autoriser les étrangers à acquérir et à transmettre les rentes perpétuelles et viagères créées par l'Etat.

(1) De la suzeraineté du roi, liv. 2. Chap. II.
(2) Du domaine, liv. 1, titre 11.

30. D'autre part, des villes et même des provinces entières durent à une bienveillance royale particulière des lois qui permirent aux étrangers de participer dans ces villes ou provinces à tous les bienfaits du droit civil.

31. Il y avait une autre catégorie de provinces dont il est temps de parler et dans lesquelles, indépendamment de toute exemption positive octroyée par la royauté, le droit d'aubaine ne put jamais être exercé parce qu'il était contraire aux traditions et aux lois qu'on y avait toujours suivies. Nous voulons parler du Languedoc et, plus généralement, de toutes les provinces de droit écrit. Dans ces provinces, où les mœurs germaniques et avec elles le système féodal et par conséquent aussi la servitude ou la mainmorte n'avaient jamais pu prendre racine, la condition civile des étrangers ne se distingua en rien de celle des nationaux, jusqu'au moment où le droit romain des glossateurs envahit toutes les cours de justice. A dater de cette époque les étrangers, dans toute la France et même dans le Midi, durent à beaucoup d'égards se contenter des droits que les anciennes lois romaines qualifiaient de *juris gentium*. De plus, à mesure que toutes les provinces méridionales venaient à tomber sous la puissance immédiate du roi de France, les gens du roi, invoquant l'unité du royaume, élevaient la prétention de percevoir dans le Midi le même droit d'aubaine que dans le Nord. Les habitants du Midi sentirent tout ce que cette prétention, qui devait fatalement éloigner les étrangers de leurs cités, avait de ruineux pour eux. Leurs réclamations énergiques furent comprises par Louis XI qui a de belles pages dans l'histoire des étrangers en France, et des lettres patentes vinrent réprimer, pour quelque temps

du moins, le zèle des officiers du domaine. Ces lettres obtinrent de Charles VIII une confirmation devenue nécessaire.

On peut donc dire d'une façon générale que, même sous la jurisprudence des Parlements, le droit d'aubaine n'avait pas lieu dans les pays de droit écrit. Mais dire cela ce n'est pas dire que les étrangers étaient dans ces pays de plein droit exactement dans la même condition que s'ils eussent obtenu des lettres de naturalité individuelles; c'est dire seulement qu'à leur mort le roi ne s'emparait pas de leur succession au préjudice de leurs héritiers français; ou tout au plus qu'ils pouvaient transmettre et recueillir par voie de succession. Toutes les fois, en effet, qu'une exemption du droit d'aubaine était reconnue exister, la jurisprudence ne manquait pas d'interpréter l'expression *droit d'aubaine*, dans le sens le plus étroit possible. Ainsi presque toutes les incapacités et les obligations que nous avons vues constituer la condition civile des étrangers, en général, existaient encore contre eux dans le Midi.

32. Il y avait, d'autre part, plusieurs catégories de nations étrangères dont les membres n'étaient pas réputés étrangers en France. D'abord, en général, on ne considérait comme véritablement *aubains* que les individus originaires de pays qui, à aucune époque et sous aucun rapport, n'avaient été soumis au roi de France. C'est en vertu de ce principe que les habitants du duché de Bourgogne, avant la réunion de cette province à la France, étaient déjà considérés comme naturels Français·

Une autre catégorie comprenait des étrangers qui se trouvaient assimilés aux Français en vertu de titres positifs. Des lettres patentes de Louis XII avaient fait une

telle situation aux habitants de la ville d'Avignon, quoique le comté d'Avignon fût sous la souveraineté d⋅ı pape.

Enfin, des faveurs royales de plus en plus fréquentes
conféraient la nationalité à certaines classes d'étrangers;
c'est ainsi qu'en 1550, Henri II naturalisa en masse tous
les Portugais, marchands ou autres, qui viendraient
s'établir dans son royaume.

Quelle était l'étendue des priviléges ainsi accordés?
On qualifiait ces priviléges d'exemption du droit d'aubaine; mais nous avons vu déjà combien cette expression droit d'aubaine était elle-même incertaine dans son
étendue. Tout d'abord en principe, jamais l'exemption
dont il s'agit n'affranchissait celui au profit duquel elle
existait de l'obligation de fournir la caution *judicatum
solvi;* elle ne lui accordait pas davantage le droit de
cession de biens. En effet, les mêmes dangers qui faisaient imposer cette obligation et refuser cette faveur à
l'étranger ordinaire, subsistaient à l'égard de ces étrangers privilégiés. Ceci mis de côté, nous pouvons ramener
les priviléges, dont nous voulons déterminer la com-
préhension, à trois classes. Quelques-uns de ces priviléges confondant presque l'étranger avec le sujet du
roi, le rendent capable même de succéder à ses parents
Français ou de recevoir d'un Français par testament, ou
enfin de tenir offices et bénéfices en France. Tel était le
privilége des Avignonais. Les priviléges de la seconde
classe consistaient seulement à rendre l'étranger capable
de succéder à son parent étranger et capable de transmettre à son parent, soit étranger, soit Français; c'était là
le cas de la plupart des étrangers privilégiés. Enfin, les
priviléges de la troisième classe n'avaient trait qu'aux
effets mobiliers et n'entamaient en rien le droit d'au-

baine quant aux immeubles. Cette dernière espèce de priviléges s'appliquait surtout aux étrangers favorisés par des coutumes, des ordonnances spéciales, ou enfin des traités conclus avec les gouvernements étrangers.

33. En effet, au moment où la révolution vint effacer le droit d'aubaine de la législation française, ce droit se trouvait singulièrement réduit dans son importance par suite surtout de traités successifs avec les puissances européennes. Ces traités ne sont devenus fréquents que depuis Henri IV; on en cite cependant quelques-uns qui remontent à une époque plus reculée. Mais c'est principalement dans les quarante années qui précédèrent la Révolution, que ces conventions se multiplient et anticipent, au moins au point de vue de la successibilité, sur l'œuvre révolutionnaire. En 1760, traité avec la Sardaigne; en 1762, avec le roi d'Espagne et des Deux-Siciles; en 1766, avec l'impératrice d'Autriche; en 1768, avec le grand-duc de Toscane; en 1772, avec la Suède et le Danemark; en 1773, avec les Pays-Bas; en 1777, avec la Pologne; en 1778, avec le Portugal et les Etats-Unis de l'Amérique du Nord; enfin, en 1787, avec la Russie. La teneur de ces traités n'était pas identique. Dans tous ceux qui permettaient à un étranger de venir à la succession d'un Français, nous trouvons une clause qui soumettait l'étranger héritier à payer au fisc un droit de dix et quelquefois de vingt pour cent, nommé *droit de détraction*.

34. Parmi les puissances dénommées plus haut, nous n'avons point rencontré l'Angleterre. Un accord amiable n'était guère possible en présence de l'état d'hostilité, pour ainsi dire permanente, qui régnait entre ce pays et la France. Mais à défaut de contrat synallagmatique,

un acte unilatéral et on peut dire, à titre gratuit, émané
de Louis XV, la déclaration du 19 juillet 1739, abolit définitivement, dans l'intérêt des Anglais résidant en France,
le droit d'aubaine, mais seulement quant aux meubles.
Ce n'est que Louis XVI qui, par un des derniers actes
de son gouvernement, rendit cette faveur complète (1).

35. Une condition à part était faite, au point de vue
du droit civil, d'après l'ancienne jurisprudence, à une
classe particulière d'étrangers : les ambassadeurs et autres agents diplomatiques. La loi des Burgondes assu-
rait déjà aux ambassadeurs des priviléges particuliers.
L'ancienne jurisprudence leur en accordait aussi de fort
considérables. Mais quelle était l'étendue de ces priviléges? C'est là une question sur laquelle on n'était point
d'accord et qui est débattue maintenant encore à raison
précisément de l'incertitude des précédents. Du temps
de Bacquet on discutait encore sur le point de savoir si
le droit d'aubaine pouvait ou non être exercé contre ces
étrangers. On finit par distinguer entre les meubles et
les immeubles (arrêt du 14 janvier 1747, contre les héritiers du résident anglais à Paris). Cette distinction
n'était au fond qu'une conséquence de la fiction en vertu
de laquelle l'ambassadeur était toujours censé continuer
de résider dans son pays; fiction qui s'est appelée depuis : *principe de l'exterritorialité*. Indépendamment de ce
principe qui, quoiqu'il n'ait été formulé qu'à une époque
récente, a toujours été admis, la nécessité de conserver à
l'ambassadeur l'indépendance indispensable à l'exercice
de ses fonctions aurait dû amener à reconnaître l'incompétence à son égard des tribunaux français, soit

(1) Lettres patentes du 18 janvier 1787.

civils, soit criminels. Mais ici encore le droit romain contribua à fausser les idées. En présence de plusieurs textes qui montrent que dans certains cas le *legatus* pouvait être poursuivi soit par une action civile, soit par une action criminelle, la jurisprudence hésitait, et il fallut pour fixer la doctrine un arrêt du 20 juin 1729, annulant une assignation faite à l'envoyé du duc de Lorraine en son hôtel à Paris. Cet arrêt toutefois distingue les questions de dettes des questions de droits réels, la situation de l'immeuble étant nécessairement attributive de compétence. — Si l'ambassadeur ne pouvait être contraint à défendre à une action personnelle devant un tribunal français, ce privilége ne l'empêchait évidemment pas de poursuivre un Français devant un tribunal de France, sauf, bien entendu, l'obligation de fournir la caution *judicatum solvi*.

36. Il nous reste à parler de ce qu'on appelait la *franchise de l'hôtel de l'ambassade*. Soit que le gouvernement de l'ambassadeur fût propriétaire de l'hôtel, soit qu'il l'eût simplement loué, on considérait, en principe, cet hôtel comme une portion du territoire étranger. Cette nouvelle fiction avait pour effet de soustraire cet hôtel à tout envahissement, à toute visite des autorités françaises. A tous autres égards on appliquait le vieil adage : *Quidquid est in territorio etiam est de territorio.*

Ajoutons que les règles dont nous venons de donner un aperçu ont toujours été regardées comme communes, non-seulement à la famille de l'ambassadeur, et à tous les officiers attachés à l'ambassade, mais même à tous les étrangers de la suite de l'ambassadeur. On était même généralement d'accord pour déclarer exempts de la juridiction française, les Français entrés au service de l'agent diplomatique,

DEUXIÈME PARTIE

DROIT NOUVEAU

37. Nous voici à l'année 1789. Ici nous devons arrê-
ter notre marche rapide. A partir de ce moment les dispositions législatives relatives à notre sujet ne présentent plus seulement un interêt historique et interprétatif,
mais encore un intérêt juridique et pratique. Malgré
les variations qu'elle a subies, la législation nouvelle
établie sur les ruines de l'ancienne forme un tout que
nous ne saurions séparer. Nous sentons aussi le besoin
de diviser notre sujet. Nous voulons, en effet, sinon l'é-
puiser du moins l'envisager sous toutes ses faces. Les
conditions dans lesquelles nous écrivons nous imposant
certaines limites, nous ne prétendons pas entrer dans
tous les détails de la matière; mais nous espérons acquérir une vue d'ensemble sur toutes les questions si
nombreuses qu'elle offre à notre intérêt. Nous nous
bornerons donc à poser les principes et nous n'en
indiquerons les conséquences qu'autant que cela nous
paraîtra nécessaire pour l'intelligence de ces principes
même.

Tout d'abord, parmi les personnes étrangères dont
nous avons à déterminer la condition dans le nouveau

droit français, nous apercevons une catégorie de personnes, nouvelle pour ainsi dire aussi et née avec ce droit. Nous voulons parler des personnes *morales*. Si on ne peut dire rigoureusement que l'ancien droit ait ignoré cette sorte de personnes, il est certain du moins que leur importance a été bien minime en comparaison de l'importance que le développement de l'industrie et du commerce leur a fait acquérir aujourd'hui. Si donc nous ne leur avons consacré aucune mention spéciale dans notre rapide exposé des antécédents du droit moderne, nous leur ferons dans l'étude de la législation actuelle une assez large part. Nous nous occuperons toutefois, en premier lieu, des personnes *physiques*, et c'est en nous occupant de ces personnes que nous poserons les principes généraux de la matière. Nous aurons à voir ensuite comment ces principes s'appliquent aux personnes morales.

SECTION I.

Personnes physiques.

38. Nous devons commencer par faire une subdivision. Tous les étrangers n'ont pas, en France, une condition juridique identique. Nous ne voulons pas, bien entendu, nous occuper des étrangers ayant obtenu des lettres de naturalisation.

Mais même en dehors de cette classe particulièrement privilégiée, nous avons à distinguer les étrangers proprement dits auxquels s'appliquent les principes généraux du droit international; puis les étrangers admis à jouir de tels ou tels droits français en vertu de dispositions spéciales; enfin les étrangers auxquels l'article 13 du Code Nap. accorde la plénitude de la jouissance des droits civils.

Prenant séparément chacune de ces trois classes d'étrangers, nous devons, pour donner à notre étude la généralité que nous avons annoncée, envisager la condition de chacune dans les deux grandes branches de la législation française, savoir dans le droit constitutionnel et dans le droit privé. Ceci nous indique une nouvelle subdivision de notre sujet.

CHAPITRE PREMIER

CONDITION JURIDIQUE DES ÉTRANGERS NON PRIVILÉGIÉS.

§ 1. — *Droit constitutionnel.*

39. L'ensemble des dispositions législatives qu'on appelle en France Droit constitutionnel, comprend deux sortes de dispositions d'une nature très-différente. Les premières, que l'on désigne sous le nom de *droits politiques*, se réfèrent à l'organisation de la puissance publique. Les secondes, auxquelles on donne le nom de *droits publics*, ne font en réalité que poser certains principes de *droit privé*. Ces principes, tels que l'égalité devant la loi, la liberté de conscience, etc., sont aussi indépendants de la constitution politique que tous les autres principes du Code civil ou du Code pénal. Ce qui le prouve assez, c'est qu'ils sont demeurés invariables à travers tous les changements constitutionnels que la France a subis depuis 1789. Leur place serait en réalité

bien mieux marquée en tête de la législation privée. Malheureusement par une confusion d'idée fâcheuse, ils ont été inscrits dans la constitution de 1791, et ont passé depuis dans les chartes successives que la France a faites ou reçues. Nous disons malheureusement, et nous pouvons donner à l'appui de notre dire un exemple d'une actualité saisissante. Au moment où nous écrivons (1), il n'existe pas en France de charte constitutionnelle, puisqu'il n'existe pas de constitution ; en bonne logique, par conséquent, les principes dits *constitutionnels* n'ont également aucune existence légale. L'égalité devant la loi, la liberté individuelle ont disparu avec la constitution de 1852 qui les consacrait.

Personne heureusement ne songe en France à être logique d'une façon aussi terrible, et l'on peut dire que les principes dont nous parlons font partie d'une *constitution* idéale que les révolutions n'emportent pas, parce qu'elle est écrite non dans les chartes royales ou impériales, mais dans la conscience des citoyens français.

Voyons maintenant quelle est, quant à ces droits, auxquels nous conserverons leur terminologie commune de droits *politiques* et de droits *publics*, la condition des étrangers.

A.) *Droits politiques.* — 40. Les droits politiques tels que les droits d'élection et d'éligibilité sont de véritables fonctions dans l'organisme du corps social d'un Etat, et ne peuvent, à ce titre, être attribués qu'à ceux qui sont membres de ce corps. En conséquence, les étrangers n'ont aucune participation à ces droits. Ils n'y ont aucune participation, alors même qu'ils sont admis à

(1) Février 1875.

établir leur domicile en France, conformément à l'article 13 du Code civil. Ils n'y peuvent prétendre qu'après s'être fait naturaliser conformément à l'article 7 du même code.

Ainsi l'étranger est exclu de toute part à la réprésentation nationale à quelque degré que ce soit. L'article 20 de la constitution de 1852 le décidait expressément. Ainsi encore il est exclu de toute fonction publique proprement dite, civile, militaire ou ecclésiastique. Il ne peut être témoin dans un acte notarié (loi du 25 ventôse an XI); il ne le peut même en matière testamentaire (art. 980 C. civil), bien que la qualité de citoyen français ne soit pas exigée dans ce cas. Si son témoignage est admis dans les actes de l'Etat civil, c'est sans doute à raison du bref délai dans lequel ces actes doivent être rédigés. Il ne peut également servir dans l'armée française (loi du 21 mars 1832, art. 2).

41. Bien plus, l'analyse des principes amène à déclarer inaccessibles à l'étranger certaines fonctions ou professions qui, du moins, au premier abord, ne paraissent pas être une délégation de la puissance publique. Dans cet ordre d'idées, nous pouvons citer une décision du Conseil de l'ordre des avooats de Grenoble (6 février 1830) qui, sanctionnant une ancienne règle rapportée par Pothier (*Des personnes*, part. I, titre II, sect. 2), a déclaré l'étranger incapable d'être avocat. Un avocat peut être, en effet, appelé accidentellement à participer à l'administration de la justice.

42. L'étranger que l'article 67 de la constitution de l'an VIII a pris la peine de déclarer inadmissible aux fonctions de juge, ne saurait non plus être juré. Peut-il être arbitre? Avant la loi du 17 juillet 1856, une dou-

ble solution était donnée par la plupart des auteurs (1);
affirmative quant à l'arbitrage volontaire ; négative
quant à l'arbitrage forcé. Dans le premier cas, l'arbitrage résulte d'une convention libre, et n'est qu'un bon
office. Dans le second, il résulte non-seulement de l'accord des parties, mais encore de la loi, il est une fonction civique. Aujourd'hui la loi de 1856 ayant supprimé
l'arbitrage forcé, la question est simplifiée et ne nous
paraît pas douteuse. Que penser de l'expertise ? La décision des experts n'est pas un jugement, mais un simple renseignement auquel le tribunal n'est pas en principe tenu de conformer son opinion ; l'aptitude de l'é-
tranger à être expert, semble donc ne pas souffrir de
difficulté.

43. Enfin, selon quelques auteurs, c'est sous cette rubrique que doit être mentionnée l'incapacité de l'étranger à gérer une tutelle où à faire partie d'un conseil de
famille (2). Mais nous verrons que cette incapacité est
contestée.

B.) *Droits publics.* — 44. Le principe ici est tout différent. L'esprit des législateurs qui ont écrit ces droits
dans la constitution de 1789 était certainement d'en assurer la jouissance à tous ceux qui viendraient sur le sol
français jouir des conquêtes précieuses que la Révolution croyait avoir faites, non-seulement pour la France,
mais pour l'humanité tout entière. L'article 11 du Code
Nap., qui réserve aux Français seuls la jouissance des

(1) En ce sens, Pardeessus, Cours de droit commercial, V. 1411 ;
Aubry et Rau, I, § 77, note 5. — Contra, Bellot des Minières,
de l'Arbitrage, t. I, p. 219.
(2) Demolombe, I, 245 et 267.

droits *civils*, n'a certainement pas trait aux droits qualifiés droits publics, que leur place même dans la codification française, distingue des droits civils. Cette distinction n'a aucun fondement à notre sens, mais fondée ou non, elle existait dans l'esprit des rédacteurs du Code Napoléon. Ces droits, d'ailleurs, devaient, au gré des législateurs de 1789, faire partie du *Droit des gens*, puisqu'il les appelaient : *Droits de l'homme* ; or, ainsi que nous le verrons plus tard, le *Droit des gens* est applicable aux étrangers en France.

45. Toutefois, si le principe est que les étrangers sont appelés au bénéfice des droits publics français, ce principe n'est pas absolu ; il comporte des distinctions et des exceptions dont nous devons tenir compte.

a. Ainsi l'*égalité civile*, qui est le premier de ces droits comprend trois choses distinctes : 1° l'égale admissibilité à toutes les fonctions publiques ; 2° l'égale contribution aux impôts ; 3° l'égale application des règles de droit et spécialement de droit pénal. Or évidemment il ne peut être question pour les étrangers de la première de ces égalités. Les deux autres s'appliquent à lui, mais le troisième souffre des exceptions dans les cas fort rares, du reste, où le Code pénal français modifie la peine à raison de la qualité d'étranger du délinquant (Code pén., art. 35 et 272). On peut dire cependant que, même dans ce cas, l'égalité règne, sinon de Français à étranger, du moins entre étrangers.

b. Ainsi encore la *liberté individuelle* est garantie à l'étranger comme au Français, en ce sens qu'il ne peut être poursuivi et arrêté que dans les cas prévus par la loi française et dans les formes qu'elle prescrit. Mais la loi du 28 vendémiaire an VI, (art. 7) et la loi du 24 avril 1832 donnent au gouvernement le droit d'expulser l'étranger du territoire français par voie administrative, non-seulement dans le cas de vagabondage déclaré par jugement, mais toutes les fois qu'il le croit nécessaire.

c. Le droit de *liberté individuelle* a encore, relativement aux étrangers, une conséquence que nous devons mentionner. En vertu de ce droit, l'étranger, que les lois de son pays considéreraient comme esclave ou comme affranchi, et qui y serait astreint, en conséquence, à certaines privations, devient parfaitement libre dès qu'il a touché le sol français.

d. La liberté religieuse est évidemment garantie à l'étranger. Quant à la liberté de la pensée, l'article 1er, alinéa 2, du décret du 17 février 1852, décide que l'étranger, même autorisé à établir son domicile en France, ne peut y être admis à publier un journal. « La presse, a-t-on dit, est un quatrième pouvoir dans l'Etat ; » et cet aphorisme qui a quelque chose de vrai, range en quelque sorte le droit de presse parmi les droits *publics* auxquels l'étranger ne peut prétendre. Mais bien entendu, ce que le décret du 17 février 1852 entend défendre à l'étranger, c'est d'être le gérant responsable d'un journal, d'en être la personnification vis-à-vis de l'Etat comme vis-à-vis du public ; ce n'est pas à coup sûr de communiquer ses pensées au public par la voie de la presse.

e. L'article 78 de la loi du 19 janvier, 26 février et 15 mai 1850 sur l'enseignement et le décret du 5 décembre 1850, déterminent les conditions auxquelles les étrangers peuvent être admis à enseigner en France.

f. Le mot *droit* a pour corrélatif le mot *devoir*. Si l'étranger est admis à jouir des droits *publics*, il a le devoir de contribuer à toutes les charges qui y correspondent, et à ne rien faire qui touche l'ordre public, dont il recueille les fruits. Ainsi, au point de vue administratif, l'étranger est astreint aussi bien que tout Français, au paiement des impôts directs ou indirects (1). Ainsi encore, les lois pénales françaises applicables en sa faveur, sont aussi applicables contre lui, en principe du moins. Nous avons ici un texte spécial, l'article 3 du Code Nap., et tout le monde convient que la règle posée dans cet article s'applique non-seulement aux étrangers qui *habitent* en France, mais encore à ceux qui ne font que passer sur le territoire français. Mais que faut-il entendre par les lois de *police et de sûreté* dont parle cet article? La loi n'entend point seulement par là les lois *pénales* proprement dites, mais encore : 1° les lois *préventives*, les mesures de précaution qui tendent à empêcher certains accidents ; 2° les différents actes du pouvoir *exécutif* ayant pour objet d'assurer la tranquillité publique ; 3° les dispositions des lois françaises, même purement *civiles*, en ce sens qu'elles ne sont point sanctionnées pour cas d'inobservation par des peines proprement dites ; mais fondées sur la protection due aux mœurs publiques et aux principes libéraux de l'organisation sociale française. L'étranger invoquerait, par exemple, en vain sa loi personnelle pour se soustraire à la disposition de la loi française, qui prohibe la recherche de la paternité.

Les peines qui frappent le Français, frappent aussi, en général, l'étranger, même lorsque ces peines ne

(1) Il n'y a d'exception à cet égard que pour la contribution personnelle qui, d'après la loi du 21 avril 1832 ne peut être exigée que dans la commune du domicile réel.

sont pas admises par la loi étrangère, même lorsqu'elles consistent dans une altération de l'état et de la capacité de la personne, bien que, comme nous le verrons plus tard, l'état et la capacité de l'étranger soient régis par la loi étrangère. Ce principe souffre cependant quelques exceptions. Ainsi, toutes les fois qu'un tribunal français prononce contre un étranger la dégradation civique, comme peine principale, cette peine est nécessairement accompagnée d'un emprisonnement. Au contraire, quand il s'agit d'un Français, l'emprisonnement est facultatif. Bien entendu, en posant ces principes, nous supposons des faits délictueux commis par l'étranger *sur le territoire français*. Quant aux faits illicites commis hors du territoire français, le principe est tout différent : l'étranger ne peut, en principe, être poursuivi à raison de ces faits devant les tribunaux français. L'article 7 du Code d'instruction criminelle établissait une exceptioa à ce principe ; exception qui a été depuis élargie par la loi du 27 juin 1866, dont voici le texte : « Tout étranger qui, hors du territoire de la France, se sera rendu coupable, soit comme auteur, soit comme complice d'un crime attentatoire à la sûreté de l'Etat ou de contrefaçon du sceau de l'Etat, de monnaies nationales ayant cours, de papiers nationaux, de billets de banque autorisés par la loi, pourra être poursuivi et jugé d'après les dispositions des lois françaises, s'il est arrêté en France, ou si le gouvernement obtient son extradition » (1).

(1) Nous croyons intéressant de mentionner ici la loi du 27 novembre 1873 (rapport Wolowski), dont voici le texte : Art. 1er. « Tout propriétaire d'une marque de fabrique ou de commerce déposée conformément à la loi pourra être admis sur sa réquisi-

§ 2. — *Droit privé.*

46. Nous avons indiqué déjà d'une manière générale
le plan que nous avons adopté pour notre étude. Nous
sentons le besoin de préciser cette indication aux abords
de la partie la plus importante à coup sûr de notre
travail. Nous commencerons par donner un aperçu
chronologique des dispositions législatives ayant trait
aux étrangers depuis 1789. Cet aperçu servira de ca-
nevas, pour ainsi dire, à nos développements ultérieurs.
Puis, en face de ces textes, nous aurons à prendre parti
sur la théorie générale de la condition des étrangers
non privilégiés vis-à-vis du droit civil français. Nous
formulerons ensuite une série de principes qui seront
l'application de la théorie par nous adoptée aux diverses
parties du droit. Enfin, à la suite de chaque principe,
nous consacrerons un ou plusieurs paragraphes à l'é-
tude de celles des questions controversées qui se trouvent être des questions de détail, plutôt que des questions de principe.

tion écrite à faire apposer *par l'Etat*, soit sur les étiquettes, bandes
ou enveloppes en papier, soit sur les étiquettes ou estampilles en
métal sur lesquelles figure sa marque, un timbre ou poinçon spécial, destiné à affirmer l'authenticité de cette marque. » — Par
conséquent, désormais la contrefaçon des marques de fabrique
françaises faites par un étranger à l'étranger rentre dans la catégorie des crimes qui peuvent être, aux termes de la loi de 1866,
poursuivis en France. — Ajoutons encore l'art. 7 de la même loi
de 1873 : ..... A défaut par l'Etat de poursuivre en France ou à
l'étranger la contrefaçon ou la falsification desdits timbres ou
poinçons, la poursuite pourra être exercée par le propriétaire de
la marque.

Aperçu chronologique de la législation relative aux étrangers depuis 1789.

47. Nous savons quel était, au moment de la Révolution, l'Etat du *régime de l'aubaine* au point de vue du droit civil. Toutefois, avant de commencer l'énumération des dispositions qui ont, depuis, modifié ce régime, il nous paraît nécessaire de préciser encore la signification des mots *aubaine*, *droit d'aubaine*.

L'aubaine, dans un sens, c'était l'ensemble des incapacités auxquelles les étrangers se trouvaient soumis par rapport au droit de transmettre ou de succéder *ab intestat*, de disposer ou de recevoir par acte de dernière volonté. C'était le sens *objectif* du mot.

Plus communément, on employait ce mot dans un sens *subjectif* pour désigner le droit en vertu duquel le roi recueillait à l'exclusion de toute autre personne, et même des seigneurs justiciers, les biens délaissés en France par l'étranger décédé *testat* ou *intestat*, sans enfants légitimes régnicoles. Enfin, dans une acception plus large, le *droit d'aubaine*, même objectivement parlant, comprenait l'ensemble du *jus alibi natorum*, l'ensemble des dispositions légales applicables aux étrangers.

48. Abordons maintenant notre énumération.

Droit intermédiaire. Ce qu'il y avait d'étroit, d'égoïste, dans la condition que l'ancien droit français faisait aux étrangers, ne devait pas se maintenir devant l'esprit libéral, devant les vues plus larges des législateurs de 1789. Une première loi, sous la date des 6 et 18 août 1790, abolit sans réciprocité « les droits régaliens, d'aubaine et de détraction, » et la loi des 13 et 17 avril 1791, rendit cette première loi exécutoire dans toutes les possessions françaises, même dans les deux Indes. Bientôt après, cet acte législatif qui n'avait eu d'autre objet que de généraliser les exemptions exceptionnelles, mais fort nombreuses déjà au moment de la Révolution, ainsi que nous l'avons vu, fut complété par la loi des 8 et 15 avril 1791, dont l'article 3 déclare les étrangers capables de succéder *ab intestat*, de disposer et de recevoir à quelque titre et par quelque mode que ce soit. Le droit d'*aubaine* se trouva donc complètement et au double point de vue ci-dessus indiqué, supprimé par ces deux dispositions qui furent successivement reproduites dans le titre VI de la constitution des 13-14 septembre 1791, et dans l'article 355 de la constitution du 5 fructidor an III. Du reste, la législation intermédiaire ne formule pas de théorie générale sur la condition juridique des étrangers. Elle ne renferme même, à cet égard, qu'un petit nombre de dispositions spéciales comme, par exemple, l'article 7 de la loi du 28 vendémiaire an VI, que nous connaissons déjà, et la loi du 4 floréal an VI sur la contrainte par corps contre les étrangers.

49. *Droit nouveau, Code Napoléon.* — Lorsqu'on vint, dans la rédaction du Code Napoléon, à s'occuper de la condition des étrangers, on constata que le généreux exemple donné par la France n'avait pas trouvé d'imitateurs. D'autre part, le premier consul avait, sur la façon de traiter les étrangers, des idées particulières. Il en résulta l'adoption d'un système de réciprocité diplomatique dans lequel les rédacteurs du Code virent un

moyen de pression sur les puissances étrangères pour
les engager à entrer dans la voie libérale ouverte par
les législateurs de 1790 ; dans lequel le premier consul
voyait en outre un ressort élastique et puissant pour
sa politique extérieure. Après avoir formulé ce système
dans l'art. 11, les rédacteurs du Code trouvèrent, à propos, avec ce défaut de méthode, qu'on aperçoit trop fré-
quemment dans leur œuvre, d'en indiquer quelques applications dans les art. 726 et 912. Cette manière vicieuse
de procéder devait donner naissance à des malentendus
que nous retrouverons ailleurs. Du reste, les art. 726 et
912 mis à part, les rédacteurs laissaient à la doctrine et
à la jurisprudence le soin de déterminer les conséquences
du principe posé dans l'art. 11. Le tribun Siméon pro-
testa, il est vrai, contre cette latitude trop grande laissée
aux jurisconsultes et aux tribunaux (1) ; mais le Conseil d'État ne s'arrêta pas à ses observations ; nous verrons ailleurs pourquoi. Nous devons dire, toutefois,
dès à présent, que notre manière d'envisager la portée
des art. 11, 726 et 912 du Code Napoléon est loin d'être
admise par tout le monde. Nous devons aussi signaler
ici, entre les partisans même de la doctrine que nous
adoptons, sur l'interprétation de ces articles, une divergence d'opinions sur laquelle nous n'aurons pas à re-
venir ; car elle offre aujourd'hui un intérêt historique
plutôt que pratique. Suivant une première opinion dont
MM. Aubry et Rau (2) se font les défenseurs, l'article 11
n'a point rétabli le droit régalien d'aubaine, et les art.
726 et 912, à la rédaction desquels ne présida aucune
pensée de fiscalité, eurent pour unique objet d'empêcher

(1) Locré. Lég., t. II, pp. 245 à 248, n°s 8 et 9.
(2) I, § 78.

la transmission, à titre gratuit, en des mains étrangères, des fortunes assises en France. Il résulta de là que
les étrangers conservèrent, indépendamment de toute
condition de réciprocité, la capacité de transmettre *ab
intestat* à leurs héritiers et successeurs français, quels
qu'ils fussent, c'est-à-dire non-seulement à leurs descendants, mais encore à leurs ascendants ou collatéraux,
les biens qu'ils possédaient en France. L'État, en·effet,
ne pouvait revendiquer ces biens ni en vertu du droit
régalien d'aubaine qu'aucun texte du Code n'avait fait
revivre, ni en vertu du droit de déshérence dont l'exercice présuppose l'absence d'héritiers ou de successeurs
habiles à succéder (art. 768). Les étrangers conservèrent
également la faculté de disposer de leurs biens, situés
en France, au profit de Français, non-seulement par
donation entre-vifs, mais encore par testament. Effecti-
tivement, la capacité de disposer à cause de mort, tout
aussi bien que celle de transmettre *ab intestat*, n'était
autrefois refusée aux étrangers qu'en vue de l'exercice
du droit régalien d'aubaine. Or, comme le Code N.,
loin de rétablir ce·droit supprimé en 1790, avait implicitement reconnu aux étrangers la faculté de transmettre *ab intestat* à leurs parents français les biens qu'ils
délaissaient en France, il n'existait plus aucun motif
de leur refuser au détriment de légataires français la
faculté de disposer par testament. Cela ressort d'ailleurs nettement de la combinaison des art. 902 et 912.
L'argument *a contrario* que fournit le dernier de ces articles est parfaitement concluant à raison de la règle générale posée par le premier, qui reconnaît la capacité
de disposer à tous ceux auxquels la loi ne l'a pas formellement refusée. Vainement se prévaudrait-on, en

sens contraire, de la règle générale, posée par l'art. 11, dont l'application à la question spéciale qui fut l'objet de cette décision se trouve écartée par la maxime : *Lege generali per specialem derogatur*.

Suivant une autre opinion, adoptée par Grenier (1), le droit de disposer ou de transmettre *ab intestat*, étant un droit civil, tombe sous le coup de l'article 11, et les articles 726 et 912 n'étant que des applications de cet article 11, le laissent tout entier. Grenier cite, à l'appui de sa doctrine, un arrêt de la Cour de cassation, du 24 août 1818, dont les considérants contiennent le passage suivant : « La Cour, après avoir délibéré en la Chambre du conseil, sur les articles 726 et 912 du Code c., et considérant que de ces articles, il résulte qu'une parfaite réciprocité est une condition nécessaire des droits qu'un étranger peut exercer en France pour recueillir ou transmettre une succession... »

Nous avons reproduit les deux interprétations des articles 11, 712 et 912, pour l'intelligence du mouvement législatif en cette matière ; nous croyons devoir nous dispenser de nous prononcer sur ce conflit, puisque la loi du 14 juillet 1819 est venue mettre tout le monde d'accord. Mais avant de passer aux dispositions législatives postérieures au Code Napoléon, faisons observer que même, en adoptant, pour les articles 11, 726 et 912 de ce Code, l'interprétation la plus favorable aux étrangers, ces articles se montrent, sous un certain rapport, plus rigoureux pour eux que pour l'ancienne jurisprudence, puisque s'il est vrai qu'ils ne leur refusent pas la capacité de transmettre *ab intestat* et celle de

_____

(1) Des donations, I, 117.

disposer par testament, il est certain qu'ils ne lui laissent pas celle de recevoir, à titre gratuit, par disposition entre-vifs (1).

A un autre point de vue, au contraire, l'art. 13 du Code N. a introduit, dans la législation relative aux étrangers, une amélioration importante dont nous nous occuperons quand nous parlerons de l'étranger qui a obtenu l'autorisation de fixer son domicile en France.

Citons encore : 1. L'alinéa 1er de l'art. 3, qui soumet aux lois de police et de sûreté tous ceux qui habitent le territoire, disposition dont nous avons fait mention déjà au titre du droit constitutionnel, mais qui a son importance même au point de vue du droit civil.

2. L'alinéa 2, du même article, portant que les immeubles situés en France, même ceux possédés par les étrangers, sont régis par la loi française.

3. L'art. 15, qui dispose qu'un Français peut être traduit devant un tribunal de France pour des obligations par lui contractées en pays étranger, même avec un étranger.

4. L'art. 16 du C. civ. et les art. 166 et 167 du Code de pr., qui établissent pour l'étranger l'obligation de donner la caution *judicatum solvi*.

5. L'article 905 du Code de pr. qui refuse aux étrangers la cession des biens.

Viennent maintenant dans l'ordre chronologique :

6. La loi du 10 septembre 1807 et les art. 14 à 32, ainsi que l'art. 46 de la loi du 17 avril 1832, concernant la contrainte par corps contre les étrangers.

7. L'article 3 du décret du 26 janvier 1808, qui per-

______

(1) Comp. ci-dessus, p. 52.

Waliszewski. 6

met aux étrangers d'acquérir des actions de la Banque de France.

8. L'art. 13 de la loi du 21 avril 1810, qui autorise les étrangers à devenir concessionnaires de mines.

9. l'art. 40 du décret du 5 février 1810, qui reconnaît aux étrangers le droit de propriété littéraire pour leurs ouvrages publiés en France.

10. La loi du 14 juillet 1819, qui fait revivre, par des motifs d'intérêt national, pour attirer les capitaux étrangers, les dispositions que des mesures de pure philanthropie avaient dictées à l'Assemblée constituante. L'art. 1er de cette loi porte : Les art. 726 et 912 sont abrogés ; en conséquence, les étrangers auront le droit de succéder, de disposer et de recevoir de la même manière que les Français. Cette rédaction semble donner raison à celle des interprétations de l'art. 11, dont Grenier s'est fait le défenseur ; mais MM. Aubry et Rau font remarquer que l'exposé des motifs fait par le garde des sceaux, lors de la présentation de la loi, reconnaît formellement que le droit régalien d'aubaine n'avait point été rétabli par le Code (1). Ainsi, la rédaction de l'art. 1er de la loi de 1819 aurait eu pour but, non d'accorder aux étrangers le droit de disposer, à titre gratuit, qu'ils avaient déjà, mais de couper court à des controverses dont le législateur n'ignorait pas l'existence. Du reste, la loi de 1819 n'a porté aucune atteinte au principe de l'art. 11 (2).

11. Les art. 27 à 29, de la loi du 5 juillet 1844, qui

(1) Locré. Lég., t. X, p. 499, n° 1.
(2) Voy. Exposé des motifs à la Chambre des pairs ; Locré, Lég., t. X, p. 500, n° 3, p. 562, n° 4.

accordent aux étrangers la faculté d'obtenir un brevet d'invention.

Le décret du 28 mars 1852 qui étend la disposition du décret du 5 février 1810 aux ouvrages publiés à l'étranger.

12. L'art. 3, de la loi du 28 mai 1853, qui admet les étrangers admis à jouir en France des droits civils, conformément à l'art. 13 du Code N., à faire des versements pour la caisse des retraites.

13. La loi du 23 juin 1857, qui accorde aux étrangers, possédant des établissements en France, d'une façon absolue, et aux étrangers qui n'ont que des établissements à l'étranger, sous condition de réciprocité diplomatique, la propriété des marques industrielles ou commerciales.

14. La loi du 12 juin 1861 qui, étendant à tous les étrangers une faculté que l'art. 3 de la loi du 28 mai 1853 réservait aux seuls étrangers, ayant obtenu le droit de fixer leur domicile en France, admet les uns et les autres à faire des versements pour la caisse des retraites.

15. L'article 9 de la loi du 27 novembre 1873 qui, sous condition de *réciprocité* même simplement législative, étend les dispositions de la loi du 23 juin 1857 aux étrangers qui n'ont pas même d'établissement en France.

16. La loi du 25 juin 1874 qui, tranchant une question depuis longtemps controversée, n'admet les étrangers au partage des bois d'affouage, que s'ils ont été autorisés, conformément à l'art. 13 du Code c., à établir leur domicile en France.

Théorie générale de la condition des étrangers vis-à-vis du droit civil.

50. — Il nous faut maintenant, ainsi que nous l'avons annoncé, prendre notre parti sur la théorie générale de la condition des étrangers vis-à-vis du droit civil. Le siége de la matière est dans les art. 8, 11, 13 du C. N. Trois systèmes d'interprétation ont été proposés :

1. Suivant un premier système, l'étranger jouirait en France de tous les droits civils qui ne lui ont pas été formellement ou implicitement refusés par des textes spéciaux. Enseigné par Zachariæ (1), et adopté par M. Demangeat (2), ce système, fondé sur des considérations philanthropiques, plutôt que sur des arguments juridiques, tend évidemment à rayer complètement l'art. 11. En effet, s'il était possible, avant la loi de 1819, de refuser à cet article toute valeur intrinsèque, et de ne lui accorder qu'une valeur d'emprunt, tirée des dispositions qui en contiendraient l'application, cela est devenu impossible depuis, les seules dispositions de ce genre ayant disparu avec l'abrogation des art. 726 et 912.

Les partisans du système de M. Zachariæ sont ainsi amenés à regarder l'art. 11 comme ayant été lui-même virtuellement abrogé ; or, les auteurs de la loi du

(1) T. 1, § 77.
(2) *Opus cit.*, n° 56.

11 juillet 1819 ont formellement protesté contre un tel résultat (1).

2. Un second système ne permet à l'étranger de jouir en France que des droits qui lui ont été expressément ou *tacitement* accordés par des traités spéciaux. L'auteur de ce système, M. Demolombe (2), s'appuie sur un arrêt de la Cour de Cassation (Civ. cass., 14 août 1844; Sir. 44, 1, 756). Mais s'il faut en croire l'un des considérants de cet arrêt, il n'y a d'exception à la règle, posée par l'art. 11, que dans les cas *spécialement* prévus par une loi expresse. Or, telle n'est pas la théorie de M. Demolombe, qui admet au contraire des concessions *tacites*. D'autre part, en parlant des droits expressément accordés par des textes, M. Demolombe vise les articles 3, 12, 14, 15, 19, qui supposent l'étranger en possession de certaines aptitudes juridiques; mais il reste à savoir si ces articles se réfèrent à tous les étrangers ou à ceux d'entre eux seulement à qui, selon l'art. 11, la puissance des droits civils a été garantie par des traités. C'est là précisément la question, et M. Demolombe la résout par une pure affirmation qui a le caractère d'une véritable pétition de principe. Ce système, de plus, ne s'harmonise guère soit avec les précédents historiques, soit avec les travaux préparatoires du Code. Il laisse enfin un champ sans limites à la controverse, puisqu'il ne fournit par lui-même aucun moyen de reconnaître quels sont les droits *tacitement* accordés aux étrangers.

Un troisième et dernier système distingue entre les

(1) Exposé des motifs par le garde des sceaux ; Locré, Lég., t. X, p. 500.

(2) T. I, nos 240 à 246 bis.

facultés ou avantages qui, communément envisagés par les diverses nations policées, comme découlant du droit naturel, ou qui, se trouvant de fait généralement admis dans leurs législations, et faisant ainsi partie du *jus gentium*, ne sont point à considérer comme particuliers au droit national de tel ou tel peuple, — et les facultés ou avantages dont l'établissement est plus spécialement l'œuvre du droit national qui les consacre. L'étranger jouirait des premiers de droit commun et sans aucune condition ; il ne pourrait au contraire prétendre aux seconds que dans les cas prévus et sous les conditions indiquées aux art. 11 et 14.

Nous n'ignorons pas ce que la distinction sur laquelle repose ce système a d'arbitraire et d'incertain. D'*arbitraire*, car la conception de droits *naturels*, par opposition aux droits *civils*, empruntée au droit romain, n'a aucune valeur philosophique ; car un droit quelconque doit être *naturel*, c'est-à-dire découler de la nature de l'homme, c'est-à-dire être *l'exercice légitime d'une faculté humaine*, ou n'être pas. — D'*incertain*, car la conception que nous critiquons est non-seulement fausse, mais encore infiniment vague, et elle ouvre la porte à des interprétations sans fin. Mais toute arbitraire et incertaine que nous la reconnaissions, c'est cette distinction, croyons-nous, qui a inspiré le législateur. Il est incontestable qu'elle était généralement admise dans le dernier état de la jurisprudence française. On objecte que la jurisprudence l'avait maladroitement copiée dans le droit romain ; nous répondons qu'il ne s'agit pas de savoir si l'emprunt fait au droit romain a été maladroit ; mais s'il a eu lieu. Or, ce dernier point ne peut faire de doute quant à l'ancien droit ; et quant au droit

nouveau, les travaux préparatoires du C. N. prouvent,
avec la dernière évidence, qu'il y a eu continuité de
tradition en cette matière. Voici notamment un passage de l'*exposé général*, présenté par Portalis, dans la
séance du Corps législatif du 3 frimaire an X : « Nous
traiterons les étrangers comme ils nous traiteront eux-
mêmes ; le principe de réciprocité sera envers eux la
mesure de notre conduite et de nos égards. Il est pourtant des droits qui ne sont point interdits aux étrangers : ces droits sont tous ceux qui appartiennent bien
plus au droit des gens qu'au droit civil, et dont l'exercice ne pourrait être interrompu sans porter atteinte aux
diverses relations qui existent entre les peuples ! » (1)
Ce passage de l'*exposé général* est tout simplement un
exposé du système que nous adoptons. Pour que l'on
ne nous accuse pas d'abuser d'une citation unique, citons encore quelques lignes du rapport fait au Tribunat
par Siméon, dans la séance du 25 frimaire (2), qui,
bien que moins précises dans la forme, traduisent au
fond la même pensée : « Ce qui caractérise essentiellement le droit civil, c'est d'être propre et particulier à
un peuple, et de ne point se communiquer aux autres
nations. Au contraire, les effets du droit naturel se
communiquent partout à l'étranger comme au citoyen.
Pour en jouir, il n'est pas nécessaire d'être membre
d'une certaine nation, il suffit d'être homme.... Si les
étrangers ne peuvent réclamer les droits qui naissent
de la loi civile, tels que ceux de successions et de testaments, ils peuvent toujours, comme les citoyens,
exercer les actions qui descendent des contrats. »

(1) Locré. Lég., t. I, p. 330, n° 13.
(2) Locré. Lég., t. II, pp. 246 et 247, n° 8.

Partout, dans les travaux préparatoires, nous voyons apparaître cette distinction chère aux anciens jurisconsultes français. On oppose, il est vrai, que les rédacteurs du Code l'ont notoirement abandonnée en refusant expressément aux étrangers le droit de disposer par donation entre-vifs au profit d'autres étrangers. Mais il ne faut voir dans cette disposition qu'une dérogation exceptionnelle à la doctrine générale, dérogation qu'on s'explique facilement par les vues nouvelles qui inspiraient le législateur de 1804. Du moment, en effet, que pour empêcher les fortunes assises en France de se perpétuer entre des mains étrangères, on défendait aux étrangers de recueillir ces fortunes par testament ou *ab intestat*, on devait, pour rester conséquent avec soi-même, étendre cette défense aux donations entre-vifs.

Enfin, M. Demolombe reproche à cette interprétation de la loi de ne pas être conforme aux mœurs actuelles. A cela nous répondrons seulement que nous avons commencé par faire nous-même le procès au système que nous adoptons, et nous avons eu à lui faire des reproches beaucoup plus graves. Mais, s'il est établi que le système critiqué est bien celui du législateur, faux, si on le veut, au point de vue *législatif,* il reste vrai au point de vue *doctrinal.* Faire peser sur la doctrine la responsabilité des vices législatifs, c'est évidemment se tromper d'adresse.

D'autre part, voici par quelles considérations Messieurs Aubry et Rau cherchent à défendre le législateur lui-même, et à repousser l'objection de M. Demolombe, dont ils n'admettent la justesse à aucun point de vue : « Dans notre pensée, disent-ils, le droit des gens n'est pas un droit stationnaire, mais un droit es-

sentiellement progressif. L'expérience ne prouve-t-elle
pas que les différentes législations civiles tendent à se
rapprocher, et, depuis la promulgation du C. N., ce
travail d'assimilation n'a-t-il pas fait de sensibles progrès? C'est probablement dans cette prévision que,
malgré la demande du Tribunat, le Conseil d'Etat ne
voulut pas définir les droits civils dont les Français
jouissent à l'exclusion des étrangers (1). Les rédacteurs
du Code paraissent être partis de l'idée que, du jour où
une institution successivement admise par les divers
peuples civilisés, se trouverait sanctionnée par le consentement unanime de tous, et serait ainsi devenue
institution du droit des gens, le principe de réciprocité
exigerait que les étrangers puissent invoquer en France
le bénéfice de cette institution tout comme les Français
seront admis à l'invoquer à l'étranger (2). Nous devons
ajouter, en terminant l'exposé de cette controverse, que
les auteurs, aussi bien que les arrêts, se sont en grande
majorité prononcés en faveur de la doctrine que nous
avons suivie (3).

§ 3. *Application de la doctrine générale sur la condition
civile des étrangers aux diverses matières du droit.*

51. — Pour bien déterminer la portée et la sphère
d'application de notre doctrine, il faut d'abord faire
observer que cette application cesse 1° toutes les fois
qu'il existe des textes spéciaux qui accordent ou qui

(1) Voy. ci-dessus, p. 78.
(2) Aubry et Rau, § 78, note 15.
(3) Voy. les nombreuses autorités citées par MM. Aubry et Rau,
ibid.

refusent aux étrangers la jouissance de tel ou tel bénéfice légal ; 2° toutes les fois que la question de savoir si les étrangers sont admis à invoquer la jouissance de tel ou tel bénéfice légal est elle-même subordonnée à celle de savoir si c'est d'après la loi française, ou d'après la loi étrangère, que les tribunaux français compétemment saisis d'un litige dans lequel des étrangers se trouvent intéressés ont à décider ce litige.

Sous le bénéfice de cette observation, nous allons essayer de dégager du principe fondamental de l'article 11, tel que nous l'avons compris, combiné avec les autres textes du Code civil, une série de principes relatifs : 1° au statut *personnel*, 2° au statut *réel*, 3° aux lois concernant les conditions intrinsèques, les effets et l'exécution des conventions ; enfin, 4° aux lois qui régissent la forme extrinsèque des actes juridiques et des actes instrumentaires. Nous aurons ainsi acquis une vue d'ensemble sur la situation faite à l'étranger dans toutes les phases de la vie civile.

52. — PREMIER PRINCIPE. *L'étranger ne peut invoquer les dispositions législatives rentrant dans le statut personnel français.* — Il est facile d'établir ce principe. Et d'abord, dans presque tous les pays policés, les étrangers restent soumis, en ce qui concerne leur état et leur capacité, à leur loi nationale (1).

(1) Cependant plusieurs législations, notamment celle des Pays-Bas et de la Russie, consacrent à cet égard des règles différentes. Et parmi celles même qui reconnaissent la règle dont il s'agit, il en est plusieurs qui ne l'admettent qu'avec d'importantes restrictions établies dans l'intérêt des nationaux. Voy. Fœlix, *op. cit.*, 30.

Quant à la loi française, nous trouvons ce principe en premier lieu dans les dispositions de l'alinéa 3 de l'art. 3. Le but de cette disposition ne serait atteint que fort incomplètement si les autorités et les tribunaux étrangers ne concouraient à son accomplissement, tant en refusant aux Français résidant dans leur pays leur concours pour la passation d'actes qu'ils seraient incapables de faire en France, qu'en annulant de pareils actes, lorsque, de fait, ils les ont passés. Or, ce concours le législateur français ne peut le réclamer et l'attendre des autorités et tribunaux étrangers qu'à la condition de se prêter de son côté à faire respecter en France le statut personnel des étrangers, et de considérer par suite l'étranger comme invinciblement soumis à sa loi, en tout ce qui concerne son état et sa capacité. Remarquons, en second lieu, que l'alinéa 1er de l'art. 3 soumet expressément les étrangers aux lois de police et de sûreté, et que l'alinéa 2 déclare ce *statut réel* applicable même aux immeubles possédés par des étrangers; au contraire, l'art. 3 qui s'occupe de la force obligatoire du statut personnel ne fait plus aucune mention des étrangers. Ce silence nous paraît bien significatif (1).

53. — Toutefois, et par cela même qu'il s'agit ici d'une simple concession faite aux autres nations, l'induction que fournit la disposition de l'art. 3, ne peut et ne doit être admise que dans la mesure des convenances internationales, et sous les restrictions que réclament d'une part l'ordre public, et d'autre part les

______

(1) En ce sens, Merlin, Rep., v° Loi, § 6, n° 6; Demolombe, t. I, 98; Aubry et Rau, § 31, note 22.

intérêts des Français, lorsqu'en raison des circonstances particulières ils méritent une protection spéciale.

Le principe une fois établi, voici quelques propositions qui en détermineront la portée :

54. A. — Le juge français, appelé à statuer sur la validité d'un acte passé par un étranger et attaqué par dernier pour cause d'incapacité, doit, en général, prendre pour guide de sa décision la loi nationale de cet étranger. Les auteurs français sont d'accord avec la jurisprudence pour reconnaître cette règle (1). Ainsi, le mariage contracté en France soit avec une Française, soit avec une étrangère, par un moine profès originaire d'un pays où les vœux monastiques emportent la mort civile, doit être annulé en France, bien que la législation française ne reconnaisse plus les vœux monastiques solennels (2). — Personne n'étant maître de modifier son état et sa capacité en se soumettant à la loi étrangère, il importe peu pour l'application de la règle que les actes, dont un étranger demande l'annulation ou la révision en vertu de sa loi nationale, aient été passés en France ou à l'étranger. — Il est également indifférent que ces actes aient été consentis au profit d'étrangers ou de Français. — Enfin, selon la plupart des auteurs, la seule circonstance que l'annulation de la révision d'un acte serait prononcée au détriment d'un Français, ne formerait point un motif suffisant pour écarter l'application de la loi étrangère, alors même qu'il s'agirait d'une convention à titre onéreux. Néan-

(1) Voy. les autorités citées plus haut. — Civ., Cass., 24 août 1808, Sir. 1809, I, 331.

(2) Paris, 13 juin 1814; Sir. 1815, 2, 67.

moins, la Cour de Paris s'est, à ce sujet, prononcée plusieurs fois en sens contraire (1), et elle donne pour raison de sa doctrine que le Français n'ayant pas connu, ni dû connaître la loi étrangère, cette loi ne peut être obligatoire pour lui. Que le Français ne doive pas être réputé connaître la loi étrangère, cela est vrai; mais il n'en résulte pas que, lorsqu'il a jugé à propos de traiter avec un étranger, il ne doive pas tomber sous le coup de la maxime romaine : « Qui cum alio « contrahit, vel est vel debetur esse non ignarus condi- « tionis ejus » (2). Que faudrait-il décider, d'ailleurs, au cas où le Français aurait en fait connu la loi étrangère? La question deviendrait ainsi une question de fait pour la solution de laquelle le juge serait obligé de se livrer à des investigations dont le résultat serait presque toujours incertain. Le système adopté par la majorité des auteurs nous paraît à la fois plus équitable et plus facile à appliquer.

55. — Le principe, toutefois, n'est pas absolu, et les auteurs admettent une solution contraire au cas où des circonstances particulières, telles qu'une longue résidence de l'étranger en France, en un établissement de commerce qu'il y aurait formé, viendraient absoudre le Français de tout reproche d'imprudence (3). M. Nougier (4) va plus loin : le juge français ne pourrait, selon lui, faire abstraction du statut personnel étranger, qu'autant que l'étranger se serait rendu coupable de dol ou de fraude en cachant son incapacité. M. Fœ-

(1) Notamment le 15 mars 1831 ; Sir. 1834, 2, 237.
(2) L. 19, Pr. *de Regulis juris*, 5, 17.
(3) Demolombe, I, 102.
(4) De la lettre de change, I, p. 475.

lix (1) va plus loin encore : pour autoriser le juge français à rejeter la loi étrangère, le dol et la fraude de l'étranger doivent, dans l'opinion de cet auteur, présenter le caractère de l'escroquerie ou de l'abus de confiance. Mais ces systèmes excessifs paraissent dépasser la mesure des concessions que réclament les convenances internationales (2).

56. — Une solution analogue et également dérogatoire au principe de l'application de la loi étrangère, est généralement admise quand il s'agit d'engagements qu'un étranger aurait contractés en France pour son *entretien personnel*, alors même que de pareils engagements seraient annulables d'après son statut national. Il est, en effet, de l'intérêt commun de toutes les nations que l'individu absent de sa patrie puisse obtenir, à l'étranger, un crédit suffisant pour se procurer les choses nécessaires a son entretien (3).

57. — Enfin, une troisième solution exceptionnelle est indiquée par la plupart des auteurs en faveur du Français porteur de bonne foi d'une lettre de change ou d'un billet à ordre souscrits en France par un étranger. Cette exception devrait être surtout admise si l'étranger s'était attribué, sur l'effet, un domicile en France. Les effets négociables par voie d'endossement, doivent faire en quelque sorte office de monnaie, et on ne peut raisonnablement exiger que les tiers à l'ordre desquels de pareils effets sont passés et qui souvent n'en connaissent pas le souscripteur, aillent au préalable s'en-

(1) *Op. cit.*, n° 64.
(2) Aubry et Rau, § 31, note 29.
(3) Demolombe, I, 102.

quérir de sa nationalité et du point de savoir si, d'après les lois de son pays, il était capable de s'obliger.

58. B. — Le statut personnel de l'étranger cesse d'être applicable toutes les fois qu'il est en opposition avec une loi française de police et de sûreté. L'étranger ne peut donc, bien que son statut personnel l'y autorise, passer en France un acte ou exercer un droit de cette nature. Ainsi, un mahométan engagé dans les liens d'un premier mariage, ne pourrait, en France, en contracter un second, même avec une femme de son pays.

59. C. — Du principe que le statut personnel des étrangers les suit en France, on doit conclure que les jugements des tribunaux civils étrangers qui déclarent ou qui modifient l'état et la capacité d'un sujet de leur pays ont, *abstraction faite de leur exécution forcée et de leur application au détriment des tierces personnes*, le même effet en France que dans les pays où ils ont été rendus, et cela sans qu'il soit nécessaire de les faire au préalable déclarer exécutoires par un tribunal français. Ainsi, l'étranger mis en état d'interdiction pour cause d'imbécillité, de démence, ou de fureur, est à considérer en France comme incapable de passer les actes pour lesquels il a cessé d'avoir capacité d'après la loi de son pays. Toutefois la jurisprudence et la doctrine sont d'accord pour décider que le juge français, saisi d'une contestation relative à la validité d'une convention passée par un Français avec un étranger interdit, pourrait et devrait faire abstraction du jugement rendu à l'étranger si le Français avait agi de bonne foi, c'est-à-dire dans l'ignorance de l'existence de cette décision. « En effet, disent MM. Aubry et Rau, si le Français qui

veut traiter avec un étranger doit s'enquérir de la capacité de ce dernier telle qu'elle est réglée par les lois
générales de son pays, on ne peut raisonnablement
exiger qu'il s'assure, en outre, qu'aucun jugement
rendu à l'étranger n'a pas modifié cette capacité. Nous
avouons ne pas partager cette manière de voir. Rappelons la maxime : « Qui cum alio contrahit vel est vel esse
debet non ignarus conditionis ejus. » Les auteurs mêmes
dont nous nous séparons en ce moment l'ont invoquée
pour déclarer opposables au Français *les lois* étrangères
modifiant la capacité de la personne avec laquelle il a
contracté. Vraie par rapport aux lois, cette maxime ne
peut pas être fausse par rapport aux jugements. Il faut
qu'il y ait unité de système. Les mêmes auteurs nous
paraissent mieux inspirés quand ils reconnaissent
que dans l'hypothèse même où le Français aurait eu
connaissance de ce jugement, il serait toujours admis à
contester soit la réalité des faits déclarés constants par
le juge étranger, soit l'inexactitude des conséquences
légales qu'il en a déduites. En effet, aucun jugement
émané d'un juge étranger n'a en France autorité de
chose jugée, peu importe qu'il ait statué sur une question de droit, ou sur une question de fait. Si le jugement étranger modificatif de la capacité des étrangers
nous a paru applicable en France, c'est, nous l'avons
dit, abstraction faite de son *exécution forcée et de son application au détriment de tierces personnes.* Par l'application
des mêmes principes si le tuteur d'un étranger interdit
par le juge de son pays voulait, en vertu du jugement
d'interdiction, exercer en France un acte d'autorité sur
la personne de l'interdit, le placer, par exemple, dans
une maison d'aliénés, le jugement devrait au préalable

être déclaré exécutoire par un tribunal français. Au contraire, si un étranger interdit par le juge de son pays, voulait se marier dans les formes françaises devant un officier public français, cet officier devrait, s'il avait connaissance du jugement étranger, refuser son ministère à l'interdit.

60. D. Quant aux arrêts par lesquels des tribunaux *criminels* étrangers auraient directement ou indirectement modifié la capacité juridique d'un étranger, les tribunaux français ne doivent y avoir aucun égard. Cette décision se fonde sur ce que l'effet des jugements rendus en matière criminelle est restreint, comme l'empire de la loi pénale elle-même au territoire du pays où ils ont été rendus (1).

61. E. Au surplus, la décision par laquelle un tribunal civil français aurait, même sans motifs suffisants, refusé d'appliquer la loi d'un pays étranger dans une contestation relative à l'état ou à la capacité d'un citoyen de ce pays, cette décision ne saurait être regardée comme contrevenant par cela seul à la loi française, et par suite sujette à cassation. En effet, les rédacteurs du Code Napoléon se sont abstenus de prescrire formellement l'application de la loi étrangère dans cette matière, et les travaux préparatoires prouvent qu'ils l'ont fait à dessein, afin de ne pas compromettre par une règle absolue des intérêts français dignes de protection (2). Bien entendu, il en serait autrement au cas où il s'agirait d'une hypothèse spéciale dans laquelle le législateur aurait cru, par exception, devoir prescrire l'observation de la loi étrangère.

(1) Merlin. Rép., v° Succ., sect. I, § 2. — Valette s. Proudhon, I, p. 136, note II.
(2) Merlin. Rép., v° Sucess., sect. 1, § 2, art. 2.

Waliszewski.

7

62. **F.** De l'article II du Code civil combiné avec le principe dont nous déduisons actuellement les conséquences, il résulte selon les uns que l'étranger est incapable de recevoir par testament, par donation ou *ab intestat*; selon les autres, qu'il ne peut même transmettre à aucun de ces titres. La loi de 1819 est venue mettre fin à cette divergence d'opinions, en accordant à l'étranger une capacité complète sous tous les rapports. Quant *au mode de transmission*, c'est une question qui rentre dans le statut réel auquel nous arriverons bientôt.

Questions controversées. — Nous allons maintenant ainsi que nous l'avons annoncé donner un aperçu de quelques débats soulevés dans la doctrine ou dans la jurisprudence, non plus sur le principe lui-même, que nous venons d'établir, mais sur son application.

63. *Première question.* — Les parents étrangers peuvent-ils soit en vertu de l'art. 384 C. N., soit en vertu de leur législation nationale, réclamer l'usufruit légal sur les biens que leurs enfants possèdent en France? MM. Aubry et Rau opinent pour la négative (1). Selon ces auteurs l'usufruit légal établi par l'art. 384 ne découle pas du droit naturel, car il n'est pas une conséquence nécessaire des devoirs que la nature impose à la paternité. Ce qui prouve que les rédacteurs du Code l'ont ainsi compris, c'est qu'ils n'ont formellement accordé cet usufruit qu'aux père et mère légitimes (*arg.* art. 384, *comb.* avec 383). D'un autre côté l'usufruit paternel n'est pas admis d'une manière tellement univer-

(1) I, § 78, texte et note 58.

selle qu'il puisse être considéré comme une institution du Droit des gens. On ne peut donc y voir qu'une création du Droit civil. D'autres auteurs admettent l'affirmative. Les dispositions qui concèdent aux parents un usufruit légal sur les biens de leurs enfants rentrent nécessairement, disent-ils, soit dans le statut réel, ainsi que le pense M. Fœlix (1), soit dans le statut personnel ainsi que le pense M. Demangeat (2). Dans la première hypothèse les parents doivent être autorisés à réclamer l'usufruit établi [par l'art. 384 en raison de la situation des biens sur lesquels ils entendent l'exercer; dans la seconde ils doivent, suivant le principe que nous avons admis nous-même, pouvoir revendiquer, même en France, l'usufruit que consacrerait à leur profit leur législation propre (3). A cela MM. Aubry et Rau répondent que la disposition de l'art. 384 n'appartient ni au statut personnel, ni au statut réel. Il est évident d'abord que cet article n'a pas pour objet de régler l'état et la capacité juridique soit du père, soit de l'enfant, puisque cet état et cette capacité resteraient les mêmes dans le cas où l'enfant n'aurait aucun bien. En conséquence il n'est pas question dans cet article de statut personnel dans le sens de l'art. 3. L'article 384 n'a pas davantage pour objet de régler les conditions juridiques des biens envisagés en eux-mêmes, en conséquence il n'y est pas question non plus de statut réel.

64. *Deuxième question*. — Un étranger peut-il adopter

(1) *Op. cit.*, nᵒˢ 36 et 43.
(2) *Op. cit.*, nᵒ 82.
(3) En ce sens MM. Fœlix et Demangeat, *op. et loc. cit. supra.*

en France, ou y être adopté? La jurisprudence et la majorité des auteurs consacrent la négative (1). Pour M. Demolombe et pour MM. Aubry et Rau l'adoption est évidemment un droit civil.—M. Demangeat suit une opinion contraire. Il s'appuie, 1° sur les articles 9 et 10 du Code civil qu'il croit applicables à tous les étrangers; — nous avons déjà exprimé notre sentiment sur cette manière de voir; 2° sur ce que les progrès de la civilisation ont amené l'adoption à être du droit des gens, car elle est reçue à peu près dans toute l'Europe. L'idée de refuser l'adoption aux étrangers est, aux yeux de M. Demangeat, une idée romaine, vraie à Rome où aucune agnation ne pouvait se produire entre un étranger et un Romain (2).

65. DEUXIÈME PRINCIPE. — *L'étranger est sur le territoire français protégé par les lois françaises de police et de sureté dont il est admis à invoquer les dispositions non-seulement contre d'autres étrangers, mais même contre des Français.—* Nous avons déjà établi ce principe sous la rubrique du Droit constitutionnel; nous sommes forcé de le rappeler ici, et rien ne prouve mieux la réalité de la confusion que nous signalions à ce propos. C'est bien en vertu de ce principe que l'étranger peut demander la répression des délits de droit civil français commis en France, soit contre sa personne, soit contre les propriétés mobilières ou immobilières qu'il possède sur le territoire

(1) Demolombe. I, 245; Aubry et Rau, § 78; Besançon, 20 janvier 1808; Dalloz, Jurispr. gén., v° Adoption, I, p. 309.

(2) Demangeat, *op. cit.*, p. 362, et suiv. En ce sens, Zachariæ, I, § 78, note 2 et § 556, note 4. — Valette, s. Proudhon, I, p. 277.

français. En effet, tout fait illicite, qu'il soit réprimé par la loi pénale ou qu'il ne donne lieu qu'à une action civile en dommages-intérêts, porte atteinte à l'ordre public, et les dispositions légales qui ont pour but d'assurer la réparation du dommage qui en a été la suite sont des *lois de police et de sureté* dans le sens de l'art. 3, al. 1, du Code N. Cette protection qui doit couvrir les biens situés en France, l'étranger y a droit quand même il ne se serait pas trouvé, en France, de sa personne, lors de la perpétration du délit dont il se plaint. En vain voudrait-on objecter que l'al. 1 de l'art. 3 ne peut être invoqué d'après son texte même que par les étrangers qui *habitent* le territoire. La loi Française ayant admis l'étranger à devenir propriétaire en France de biens mobiliers ou immobiliers, elle lui doit par cela même protection pour les propriétés qu'il y possède. Dans un autre ordre d'idées, mais par l'application du même principe, le mineur étranger qui se trouve en France sans protecteur légal peut, et doit même le cas échéant, y être provisoirement pourvu d'un tuteur conformément aux lois françaises (1).

TROISIÈME PRINCIPE. — *L'étranger possesseur ou propriétaire en France de biens mobiliers ou immobiliers, peut pour la défense ou la garantie des droits auxquels il prétend, en l'une ou l'autre de ces qualités invoquer le bénéfice des lois françaises qui rentrent dans le statut réel.* — Ce principe trouve son point de départ dans le deuxième alinéa de l'art. 3. A la vérité cet aliéna ne parle que d'*immeubles*, et semble même, par un *a contrario* décisif, soustraire

(1) Merlin. Rép., Légitimité, sect. IV, § 3.

ès meubles à l'application du même régime. Cependant tous les auteurs (1), quel que soit d'ailleurs leur système général sur la condition juridique des étrangers, adoptent notre troisième principe avec toute l'étendue que nous lui donnons. Effectivement, en dépit de la teneur restreinte de l'art. 3, ce principe écrit dans la législation de tous les pays policés est aujourd'hui une acquisition du droit des gens. Aussi bien il est impossible de comprendre en cette matière la raison d'une distinction entre biens mobiliers et immobiliers. Qu'il s'agisse des uns ou des autres, l'État est également intéressé à ce qu'une loi étrangère ne puisse avoir de prise sur ce qui constitue la richesse nationale.

Il ne s'en suit pas, toutefois, que toutes les dispositions comprises dans le statut réel doivent être également applicables aux étrangers. Il en est dont l'application est soumise à la question de capacité à résoudre d'après les principes relatifs à la jouissance des droits civils. Ainsi le statut réel français s'applique aux immeubles possédés en France par les étrangers, mais il n'en résulte pas que, pour arriver à la possession de ces immeubles, ou pour s'en démettre, les étrangers puissent se servir de toutes les voies d'acquisition ou d'aliénation que consacre le statut réel français. Ainsi, par exemple, avant la loi de 1819, un étranger n'aurait pu évidemment se prévaloir du caractère de réalité des droits concernant la dévolution des successions pour en réclamer l'application à son profit. Il est vrai que M. Demolombe n'admet ni cette restriction à notre principe, ni l'exemple que nous en donnons. De la disposi-

______

(1) Demolombe, I, 90. — Valette, *op. cit.*, p. 97.

tion du deuxième alinéa de l'article 3 portant : « Les immeubles, même ceux possédés par les étrangers, sont régis par la loi française, » il tire cette conséquence que les étrangers sont capables d'acquérir en France par tous les moyens à l'aide desquels la propriété se transmet. Dès lors ils auraient pu, même avant la loi de 1819, succéder *ab intestat*, et recevoir, à titre gratuit, par donation entre-vifs et par testament, si les articles 726 et 912 ne les en avaient spécialement déclarés incapables. Il est difficile d'admettre que telle ait été la pensée du législateur. Une pensée toute différente nous est révélée par le procès verbal de la séance du Conseil d'État du 14 thermidor An IX (1). Rœderer, critiquant l'article 4 qui, selon lui, accordait au juge des pouvoirs trop étendus, demandait ce qui adviendrait si le code ne contenait pas de disposition sur la successibilité des étrangers, et, qu'en conséquence, l'étranger revendiquât la succession d'un Français, son parent. Tronchet répondit « que, quand dans le cas proposé par M. Rœderer, le code serait muet, les juges prononceraient d'après les principes généraux sur l'état de l'étranger, lesquels refusant à l'étranger les droits civils, le rendent incapable de succéder. » Et cette solution ne souleva pas d'opposition dans le Conseil d'État. Nous maintenons donc notre restriction. A tous les autres points de vue, le principe reste entier, et il s'applique aux immeubles possédés par un étranger en France, soit qu'on les considère isolément, soit

______

(1) Second exposé, Locré, Leg. 1, p. 403 et 404, n° 20.

qu'on les considère comme dépendant d'une universalité juridique ou d'une succession. Sous ce dernier rapport, cependant, l'application du principe rencontre des difficultés. On objecte, d'une part, que le patrimoine n'étant pas une entité matérielle et se confondant avec la personne qui en est propriétaire, n'a pas d'assiette ou de situation distincte du domicile du défunt; d'autre part, que la *succession ab intestat* est déférée d'après la volonté présumée du défunt, et que, pour interpréter cette volonté, il convient de se référer à la loi de sa patrie. La première de ces objections, proposée par Zachariæ (1), quoique exacte en elle-même, n'est pas concluante. On ne saurait, en effet, dans la transmission d'un patrimoine, faire complètement abstraction des objets qui en dépendent. Il s'agit toujours, en définitive, du sort des immeubles héréditaires. — Quant à la seconde objection, elle n'est ni exacte, ni concluante. Ce qui domine dans la législation sur les successions, ce n'est pas la prise en considération des affections présumées de l'homme; ce sont bien plutôt des vues d'intérêt politique ou social. — L'article 3 ne fait d'ailleurs pas de distinction, et la plupart des auteurs s'accordent à l'interpréter dans le sens que nous-même lui avons donné (2). Ajoutons que notre principe a été formellement consacré avec l'étendue d'application que nous lui attribuons par l'article 16 du traité conclu entre la France et la Russie le 11 janvier 1787 (3).

Notre principe une fois établi, et en tenant compte de la loi de 1819, voici quelques conséquences que nous

(1) § 31.
(2) Fœlix, *op. cit.*, n° 37. — Demolombe, I, 91.
(3) Anciennes lois françaises, t. XXVIII, p. 290.

devons mentionner, parce qu'elles nous mèneront à la solution de plusieurs autres difficultés d'application.

67. I. La dévolution par succession et le partage des immeubles délaissés en France par un étranger sont exclusivement régis par la loi française, que les héritiers soient d'ailleurs Français ou étrangers, que ce soit en France ou à l'étranger que le *de cujus* est décédé. On procède, en pareil cas, comme si l'étranger avait laissé deux successions complètement distinctes, l'une en France, l'autre dans sa patrie, et en faisant, pour le règlement des biens situés en France, abstraction entière de ceux qu'il a laissés à l'étranger (1).

68. II. L'étranger peut disposer des biens qu'il possède en France conformément à la loi française, encore que le mode de disposition qu'il entend adopter soit proscrit par la loi de son pays (2).

69. III. La quotité de biens dont l'étranger peut disposer à titre gratuit se détermine, en ce qui concerne les immeubles qu'il possède en France, uniquement d'après la loi française et sans égard aux biens qu'il possède à l'étranger. Ici encore on procède comme si les immeubles situés en France composaient à eux seuls la succession de l'étranger (3).

70. IV. La dévolution par succession et le partage des immeubles qu'un étranger a délaissés en pays étranger, ainsi que le mode de disposition qu'il a employé relativement à ces immeubles et la mesure dans laquelle il a pu en disposer, se règlent uniquement par la loi de la situation. Toutefois, l'application de cette

(1) Duranton, I, 91; Aubry et Rau, § 31.
(2) Aubry et Rau. Ibid.
(3) Aubry et Rau. Ibid.

dernière loi doit, en vertu de l'article 2 de la loi du
1ᵉʳ juillet 1819, subir certaines restrictions au cas où la
succession composée de biens situés en France ou à
l'étranger est réclamée par des Français en concours
avec des étrangers. Cet article 2 a pour but : 1º d'empêcher que la capacité reconnue aux héritiers étrangers
ne tourne au désavantage des héritiers français ; 2º de
maintenir le principe d'égalité, qui est la base des règles de dévolution établies par la législation française.

Il faut remarquer : 1º que le bénéfice de cet article 2, exclusivement introduit en faveur des héritiers
ou successeurs français, ne peut, en aucun cas, être
invoqué par les héritiers ou successeurs étrangers (1),
soit contre des Français, soit même contre d'autres
étrangers ; 2º que les héritiers ou successeurs français
sont en droit d'exiger le prélèvement dont parle cet article, non-seulement lorsqu'ils se trouvent exclus par
l'effet immédiat de la loi étrangère en tout ou partie
des biens situés hors de France, et auxquels ils eussent
pu prétendre en vertu de la loi française, mais encore
lorsque l'exclusion est le résultat d'actes émanés du
défunt, auxquels la loi étrangère accorde une efficacité
que leur refuserait la loi française. — Telle paraît être
la double idée qu'on a cherché à exprimer en disant à
la fin de l'article 2 : « dont ils seraient exclus à quelque litre que ce soit, en vertu des lois et coutumes locales (2). — Mais, selon MM. Aubry et Rau, dont nous
suivons la doctrine générale en cette matière, le prélèvement n'est pas admissible pour indemniser les héri-

(1) Rossi. Encyclop. du droit, vº Aubaine, nº 20.
(2) Exposé des motifs présenté par le garde des sceaux à la
Chambre de Paris. — Locré, Lég., X, p. 502 à 504, n. 5.

tiers français de la perte qu'ils subiraient sur les biens situés en pays étrangers, à raison de la nullité dans ce pays de dispositions du *de cujus* qui seraient valables en France. L'unique objet, disent-ils, de l'article 2 de la loi du 14 juillet 1819, a été de protéger le droit de *succession ab intestat* et de *réserve* des héritiers ou successeurs français contre les inégalités établies ou autorisées par les lois ou coutumes étrangères. Cet article reste donc sans application au cas où le Français ne se présente que comme donataire ou légataire (1). — Notons aussi que le prélèvement n'est jamis admis au détriment de ceux des héritiers ou successeurs même étrangers qui n'obtiennent sur les biens situés hors de France qu'une part inférieure ou égale à celle que leur aurait attribuée un partage fait conformément à la loi française; il doit être exclusivement exercé sur la part héréditaire des héritiers ou successeurs qui se trouveraient avantagés sur les biens situés hors de France, par suite de l'application de la loi étrangère (2). — Enfin, l'article 2 de la loi de 1819 cesserait évidemment de recevoir application s'il existait des traités diplomatiques stipulant non-seulement l'abolition du droit d'aubaine, mais encore la successibilité suivant les lois respectives de chaque pays (3).

71. Après avoir circonscrit ainsi la sphère dans laquelle peut s'exercer le prélèvement, disons un mot de la manière dont il s'exerce. On admet généralement qu'il peut s'exercer sur les *meubles* qui se trouvent en

(1) Aubry et Rau. § 592. — En ce sens, Grenoble, 25 août 1848; Sir., 49, 2, 257. — Contra, Rossi, *op. cit., loc. cit.*

(2) Grenoble, 25 août 1848. Sir. 49, 2, 257.

(3) Favard. Rép., v° Aubaine, sect. 1, n° 4.

France aussi bien que sur les *immeubles* qui y sont situés. Il en est incontestablement ainsi lorsque le défunt était Français, ou lorsque, étant étranger, il avait fixé son domicile en France. Mais, en supposant même que le *de cujus* fût un étranger non domicilié, une solution identique nous est dictée par le texte même de l'article 2 de la loi de 1819, qui ne fait aucune distinction entre les meubles et les immeubles (2). — Cette solution est d'ailleurs conforme à l'esprit et au but de la loi. Seulement elle fait exception à la règle généralement admise dans la pratique judiciaire française que la succession d'un étranger est régie, même quant aux meubles corporels ou incorporels qu'il a délaissés en France, par la loi de son pays, et que c'est également d'après cette loi que se détermine, relativement à ces meubles, le montant de la quotité disponible. Mais cette règle fait elle-même exception à notre troisième principe; par suite, la solution admise par nous en matière de prélèvement se trouve parfaitement régulière.

72. Nous voyons d'après cela, qu'en matière de meubles corporels ou incorporels, il y a une distinction à faire, selon qu'on envisage les meubles corporels ou incorporels en eux-mêmes ou comme faisant partie d'une hérédité. Dans le premier cas, le statut réel français s'applique pour tout ce qui concerne les effets de la possession, les priviléges, les voies d'exécution, l'attribution à l'État par voie de deshérence et en quelque sorte d'occupation de meubles laissés en France par l'étranger décédé sans successeur (art. 539, 713, 768). Dans le second cas, la loi étrangère recouvre son em-

(1) Cp. Rossi. Encycl. du droit, Aubaine, 19. — Demolombe, I, 94.

pire. Cette distinction, tout le monde à peu près l'admet,
mais tout le monde ne la justifie pas de la même façon.

Voici comment l'explique M. Demolombe : Quand il
s'agit de régler la transmission d'un patrimoine, c'est-à-
dire d'un tout idéal distinct et indépendant de chacun
des meubles individuels qui le composent, cet être, purement intellectuel, ne se conçoit que par relation avec
la personne du propriétaire; donc, c'est à la loi qui ré-
git cette personne à régir aussi les effets de cette relation juridique. Au contraire, quand cette relation juridique n'existe pas, les meubles considérés individuellement ne sont plus régis que par la loi de leur situation actuelle (1).

D'autres auteurs voient dans notre distinction une
tradition de l'ancienne jurisprudence. Mais si la fiction
qui répute les meubles situés au domicile du propriétaire peut être regardée comme un legs du passé, il faut
reconnaître qu'elle ne s'appliquait qu'entre provinces
françaises, et que les anciens jurisconsultes ne la justi-
fient qu'autant qu'elle s'exerce entre des provinces dépendant d'une même souveraineté.

Enfin, selon MM. Aubry et Rau, il y a là une concession internationale fondée sur les deux considérations suivantes : 1° il serait peu rationnel de faire dé-
pendre le règlement des successions mobilières de la
circonstance purement fortuite qu'une personne décé-
dée à l'étranger y aurait apporté des valeurs mobilières
plus ou moins considérables; 2° d'un autre côté, la
crainte de voir appliquer une loi étrangère au règlement des successions mobilières pourrait, au détriment

____

(1) Demolombe. I, 94. En ce sens, Zachariæ, I, p. 56.

commun de toutes les nations, former obstacle aux établissements et même aux voyages en pays étrangers (1).

Quoi qu'il en soit de ces interprétations, la distinction elle-même n'est, ainsi que nous l'avons dit, contestée par personne. Mais M. Demolombe, d'une part, et MM. Aubry et Rau, de l'autre, y apportent deux restrictions dont il faut tenir compte :

1° Selon M. Demolombe, si la règle admise pour les successions mobilières doit être considérée comme du droit des gens, comme un acte de courtoisie et de convenance réciproque envers les nations qui la pratiquent aussi envers la France, comme aujourd'hui la Prusse et l'Autriche (cod. prussien, art. 28 de l'Introduction. — Cod. civil d'Autriche, art. 300), ces motifs n'existent pas à l'égard des nations qui appliqueraient chez elles un principe contraire comme la Bavière (1). M. Demolombe s'expliquerait donc bien, que dans ce dernier cas on appliquât en France la loi française, si un intérêt français s'y trouvait engagé; car, après tout, il n'y a ici aucun texte qui puisse être violé.

2. Selon MM. Aubry et Rau, précisément à raison de l'absence d'un texte, les décisions des tribunaux français qui s'écarteraient de la règle ci-dessus quant aux successions mobilières ne donneraient pas ouverture à cassation. Vainement voudrait-on tirer un argument *a contrario* de l'art. 3 du Code civil qui ne parle que *d'immeubles*, pour en induire que la loi française consacre la distinction dont il s'agit. L'argument ne serait pas con-

(1) Aubry et Rau, § 31, note 50.
(2) Code bavarois, part. 1ʳᵒ, chap. II, art. 17.

cluant, en ce qu'il tendrait à faire admettre une exception au principe général de la matière, c'est-à-dire notre troisième principe. Il prouverait d'ailleurs trop, puisqu'il est certain que sous bien des rapports les meubles appartenant à des étrangers sont régis par la loi française.

72. *Question controversées.* — PREMIÈRE QUESTION. — L'étranger peut-il comme possesseur d'immeubles situés en France se prévaloir des lois françaises sur l'usucapion. — La question était controversée dans l'ancien droit français. Pothier a commencé par la résoudre négativement dans son traité de la prescription (n° 20). Plus tard, dans son traité des preuves (tit. II, sec. 2, n° 8) il distingue entre l'usucapion de 30 ans qu'il accorde à l'étranger et celle de 10 à 20 ans qu'il lui refuse. Aujourd'hui les auteurs sont généralement d'accord pour accorder à l'étranger le bénéfice de l'usucapion d'une façon absolue, tout en invoquant des raisons fort différentes (1). Mais il est une question accesoire sur laquelle l'accord est loin d'être aussi parfait. C'est la question de savoir si, lorsqu'il s'agit de statuer sur une déchéance ou sur une exception de prescription opposée par un français à une demande ayant pour objet l'éxécution d'une obligation, le juge français doit uniquement suivre la loi française, lors même que cette obligation, consentie au profit d'un étranger, aurait été contractée et serait payable en pays étranger.

MM. Aubry et Rau admettent l'affirmative (2). La pres-

(1) Aubry et Rau, § 78, note 36 ; Demangeat, n° 73 ; Demolombe, 1, 243.

(2) § 31, note 64.

cription extinctive des actions personnelles est une protection que la loi accorde au débiteur dans des vues d'intérêt général. Ce dernier ne peut ni renoncer d'avance au bénéfice de la prescription, ni en modifier les conditions, ou, ce qui revient au même, se soumettre par convention expresse ou tacite à l'application d'une loi étrangère qui contiendrait sur la prescription des règles différentes de celles de la législation de son pays. La circonstance qu'une obligation est payable en pays étranger ne peut donc être d'aucune influence sur la question, puisque l'indication d'un lieu de paiement autre que celui du domicile du débiteur est toujours le résultat d'une convention expresse ou tacite. D'autres auteurs, tout en reconnaissant qu'en général c'est la loi du débiteur qui règle la prescription, pensent cependant que pour les obligations, payables ailleurs qu'au domicile du débiteur, la prescription est régie par la loi du lieu du paiement. Ils fondent cette manière de voir sur ce que la prescription extinctive est une peine infligée à la négligence du créancier et que, comme il se rend coupable de cette négligence, dans le lieu où il doit recevoir son paiement, c'est aussi la loi de ce lieu qui doit régler l'application de la peine. (1) MM. Aubry et Rau n'acceptent pas ce raisonnement. Ils croient, et nous sommes assez porté à partager leur sentiment, que raisonner ainsi c'est perdre de vue la nature et l'objet principal de la prescription pour s'attacher uniquement à l'une des considérations secondaires qui ont pu déterminer le législateur à l'admettre. La question se trouve ramenée ainsi

____

(1) Dunod. De la Prescription, part. 1ʳᵉ. chap. 14, *in fine*; Merlin, Quest., Vᵒ, Prescription, § 15 ; Fœlix, *op. cit.*, nᵒ 76.

à une controverse sur l'esprit général de la loi en matière de prescription.

73. DEUXIÈME QUESTION — Les femmes mariées étrangères peuvent-elles réclamer l'hypothèque légale sur les biens que leurs maris possèdent en France? Voici les arguments qu'on invoque pour l'affirmative : En premier lieu les dispositions de l'art. 2121 rentrant dans le statut réel, les femmes étrangères doivent par cela même pouvoir en invoquer le bénéfice. En second lieu, on ne peut logiquement refuser aux femmes étrangères la participation au bénéfice de l'hypothèque légale établie par l'art. 2121, lorsque d'ailleurs on accorde aux étrangers en général le droit de stipuler une hypothèque conventionnelle (1). Ni l'un ni l'autre de ces arguments ne nous parait exact. Quant au premier, si les art, 2116 et 2117, qui déterminent les différentes espèces d'hypothèque, appartiennent au statut réel en ce sens que les immeubles français ne peuvent être frappés d'autre hypothèque que celles qui sont admises par la loi française, il en est autrement des art. 2121 et 2135 dont lobjet principal est bien moins de régler la condition juridique des immeubles, que de protéger d'une manière spéciale les intérêts pécuniaires d'une certaine classe de personnes. Dès lors l'application à l'étranger de ces articles doit être subordonnée à la question de savoir si le bénéfice de cette disposition constitue ou non un de ces droits civils dont, aux termes des articles 8 et 11, la jouissance est accordée exclusivement aux français. Quant

(1) Merlin. Rép., v° Remploi, § 2, n° 9; M. Troplong, des Hypothèques II, § 513, ter.

au second argument, l'assimilation qu'il établit entre l'hypothèque légale et l'hypothèque conventionnelle n'est pas admissible. Le droit accordé aux étrangers de stipuler une hypothèque conventionnelle est une conséquence nécessaire de la capacité que la loi leur reconnaît pour contracter et pour acquérir des immeubles ou des droits réels immobiliers. L'hypothèque légale au contraire a pour base la faveur toute spéciale avec laquelle le législateur a cru devoir traiter certaines personnes physiques ou morales. Or il n'est pas probable que le législateur ait voulu étendre sa sollicitude aux étrangers. Ces arguments ainsi écartés, nous pensons avec MM. Aubry et Rau (1) que les femmes étrangères ne peuvent invoquer l'hypothèque légale ni en vertu de l'art. 2121, ni en vertu des dispositions de leur loi nationale. Et cela quand même le mariage aurait été célébré en France et que la femme, française d'origine, ne serait devenue étrangère que par suite de ce mariage. Ce dernier fait cependant est contesté par Tessier (2). Cet auteur croit d'abord qu'on ne saurait refuser aux étrangers la jouissance des droits accessoires aux contrats du droit des gens qu'ils ont passés en France. Il s'appuie ensuite sur les art. 1135 à 1165, dont le premier déclare que les conventions obligent non-seulement à ce qui y est exprimé, mais encore à toutes les suites que l'équité, l'usage ou la loi donnent à l'obligation d'après sa nature. MM. Aubry et Rau répondent : 1° L'hypothèque légale est bien moins une conséquence nécessaire du mariage, qu'un accessoire des créances matrimoniales auxquelles elle est

(1) § 78.
(2) De la dot, II, note 1092, pp. 288 et suiv.

attachée; elle ne se lie que très-indirectement au contrat du droit des gens, qui règle leurs rapports personnels. 2° Quand à l'argument tiré des art. 1135 à 1165, d'une part l'hypothèque légale est si peu le résultat d'une convention tacite que la femme ne peut y renoncer par contrat de mariage ; d'autre part, il a toujours été admis qu'en matière de conventions matrimoniales, c'est la loi du domicile du mari et non celle du lieu où le mariage a été célébré qui doit servir à les interprèter et à les complèter. Cette dernière proposition est formellement consacrée par la loi 65, D. *de judiciis*, 5, 1. Dumoulin (1) et Pothier (2) dans l'ancien droit français se sont aussi prononcés en ce sens (3). Ajoutons que si l'hypothèque considérée en elle même, et sous le rapport des droits qu'elle confère aux créanciers, peut à juste titre être rangée parmi les institutions du *Droits des gens*, l'*hypothèque* légale envisagée dans le mode de sa constitution est, au contraire, certainement de droit civil. En théorie il y là évidemment une création arbitraire, volontaire.

73 TROISIÈME QUESTION. — La Cour de cassation a eu à se prononcer sur la difficulté suivante. Les cahiers des charges imposées aux compagnies de chemin de fer leur défendent de faire, avec des entrepreneurs de transport, des arrangements qui ne seraient pas consentis aussi en faveur de toutes les entreprises desservant les mêmes voies de communication. Les étrangers peuvent-

(1) *Conclusiones de statutis et consuetudinibus localibus* (*Commentarius in Codicem*, lib. 1, tit. I, l. I).

(2) Pothier. De la communauté, nos 18 et 21.

(3) En ce sens également, Merlin, Rép.. vo 2, Conventions matrim. — Civ. rej., 30 janvier 1854, Sir. 54, 2, 268.

ils invoquer ces prohibitions? Nous sommes étonné que la question ait pu prêter matière à controverse. Le commerce avec tout ce qui y tient n'est-il pas essentiellement du droits des gens? Cependant la Cour de Bordeaux, par un arrêt du 28 juillet 1863 (1) a reconnu au droit en question la qualité de droit, civil à raison de ce qu'il a pour objet la protection de l'industrie nationale. La Cour de cassation (2) a consacré notre manière de voir, en décidant que le droit en question a en vue l'intérêt général du commerce, et l'intérêt du commerce demande le maintien de l'égalité entre tous ceux qui font usage des chemins de fer.

15. Nous mentionnerons à cette place une ancienne controverse qui est aujourd'hui tranchée par deux lois, la loi du 23 juin 1857 et la loi du 27 novembre 1873. Les auteurs étaient partagés sur la question de savoir si la propriété industrielle, consistant dans le droit exclusif pour chaque manufacturier ou artisan d'apposer sur les objets de sa fabrication la marque particulière dont il a déposé le modèle au greffe des tribunaux de commerce, peut être accordée aux étrangers. MM. Aubry et Rau se prononçaient pour la négative, arguant du caractère *civil* de ce droit (3), et la Cour de cassation s'était fixée en ce sens malgré l'opposition de quelques Cours d'appel (4). La plupart des auteurs suivaient l'opinion contraire. D'une part, ce droit avait, à leurs yeux, comme tout autre droit de propriété, sa raison dans le

(1) Dalloz. 1863, 2, 4.
(2) Arrêts des 3 et 5 juillet 1865; Dalloz, 1865, I, 347 et 349.
(3) I, § 78.
(4) Voy. Civ. Cass., 14 août 1844. Sir., 44, 1756.

droit des gens. D'autre part, il s'appuyait sur l'art. 1382, article évidemment applicable aux étrangers (1).

Un système intermédiaire était suivi par MM. Demolombe (2) et Serrigny (3). Adoptant en général la doctrine de MM. Aubry et Rau, ces auteurs émettaient une décision contraire pour le cas exceptionnel où les manufacturiers et artisans étrangers posséderaient en France un établissement industriel. C'est en ce dernier sens que la question a été tranchée par la loi de 1857 : Art. 5 : « Les étrangers qui *possèdent en France* des établissements d'industrie ou de commerce jouissent, pour les produits de leurs établissements, du bénéfice de la présente loi... — Art. 6 : Les étrangers et les Français dont les établissements sont situés hors de France jouissent également du bénéfice de la présente loi pour les produits de ces établissements, si, dans les pays où ils sont situés, des conventions diplomatiques ont établi la réciprocité sur les marques françaises... » — Ainsi pour ces derniers étrangers la propriété industrielle, dans le système de la loi de 1857, est bien de *droit civil* et c'est l'art. 11 (la réciprocité diplomatique) qui s'applique. Voici maintenant l'art. 9 de la loi de 1873. « Les dispositions des autres lois en vigueur, touchant le nom commercial, les marques, dessins ou modèles de fabrique seront appliqués au profit des étrangers, si dans leur pays *la législation* ou des traités internationaux assurent aux Français les mêmes garanties ». Dans ce nouveau système le caractère de droit *civil* reste à la

(1) Massé. Droit commercial, II, 35. — Fœlix, *op. cit.*, n° 607.
(2) *Op. cit.*, I, 246 bis.
(3) Droit public. I, p. 252.

propriété industrielle, mais à la réciprocité *diplomatique* se trouve substituée ou plutôt ajoutée la condition beaucoup plus large de la réciprocité *législative*. On s'accorde d'ailleurs à penser que la nouvelle loi n'est point applicable aux étrangers possédant en France des établissements industriels, et qu'elle leur laisse le bénéfice non-conditionnel de la loi de 1857.

76. Une loi du 25 juin 1874 a tranché récemment une autre question non moins controversée en décidant que, parmi les étrangers, ceux-là seuls qui ont été autorisés à établir leur domicile en France, conformément à l'art. 13 du Code civil, seront admis au partage des bois d'affouage dans les communes où ils habitent.

77. QUATRIÈME PRINCIPE. — *L'étranger peut invoquer les lois françaises concernant les conditions intrinsèques, les effets et l'exécution des conventions, lorsque la personne avec laquelle il a contracté est elle-même admise à les invoquer contre lui, c'est-à-dire lorsque les parties doivent être considérées comme s'étant tacitement soumises à l'empire de ces lois, dont l'application est alors une conséquence du principe que, dans les limites de l'intérêt privé, l'ordre public, les bonnes mœurs, et la règle du statut personnel, dûment sauvegardés, les contractants sont leurs propres législateurs.* (Art. 6 et 1134).

78. Par la même raison, l'étranger ne peut pas plus, au point de vue dont il s'agit, se prévaloir du bénéfice des lois françaises qu'on ne peut les invoquer contre lui, lorsque, à raison des circonstances, les parties paraissent s'être tacitement soumises à la loi étrangère.

Les difficultés auxquelles peut donner lieu l'application de ce principe, se rattachent aux conflits possibles entre la loi française et la loi étrangère par suite du lieu où le contrat a été passé ou du lieu où il doit être exécuté. Le règlement de ces conflits étant indépendant, en général, de la question de savoir si le contrat a été passé entre deux Français, entre un Français et un étranger, ou entre deux étrangers. Ces difficultés sont par suite en dehors de notre étude.

79. CINQUIÈME PRINCIPE. — *En ce qui concerne les lois françaises touchant la forme intrinsèque des actes soit juridiques, soit instrumentaires, l'étranger est admis à les invoquer pour défendre la validité des actes qu'il a faits en France suivant les formes qu'elles prescrivent, bien que ces formes diffèrent de celles que prescrivent les lois de son pays.* — La maxime *locus regit actum*, consacrée par diverses dispositions des Codes français, a précisément pour objet de dispenser l'individu qui se trouve sur un territoire étranger de l'obligation de suivre les formes établies par la législation nationale et de lui donner la faculté de s'en tenir aux formes requises par les lois du pays qu'il habite. On admet aussi généralement que l'étranger peut se prévaloir des dispositions de la loi française, pour demander la nullité des actes qu'un Français aurait faits en France sans observer les formalités que la loi française requiert.

Nous nous abstiendrons, pour les raisons déjà mentionnées plus haut, de développer la règle *locus regit actum*, règle commune aux Français et aux étrangers, Elle est fondée sur l'intérêt commun des nations, qui serait compromis si les sujets d'un pays étaient placés dans l'impossibilité de faire, à l'étranger, les actes pour lesquels une formalité quelconque serait requise par leur loi nationale. Le projet primitif du titre préliminaire la consacrait expressément dans son art. 5 ainsi conçu : « La forme des actes est réglée par la loi du pays dans lequel ils sont faits ou passés. » Cette disposition fut critiquée comme pouvant, par sa rédaction trop absolue, donner lieu à de fausses inductions. En conséquence, le Conseil d'État ne la reproduisit plus dans le second projet, et se contenta d'en consigner quelques applications spéciales dans les art. 47, 170 et 999 (1). Cette règle n'est d'ailleurs pas impérative ; les actes passés à l'étranger par des Français, dans les formes prescrites par les lois françaises, sont valables en France et devraient l'être même à l'étranger, bien que la loi étrangère prescrive des formes différentes. C'est notamment ce qui a lieu pour les testaments olographes faits par des Français à l'étranger, (art. 999). Par réciprocité, les juges français devraient admettre comme valables, même quant aux biens situés en France, les actes que des étrangers y auraient passés dans les formes réglées par la loi de leur pays. Telle n'était pas, il est vrai, la doctrine des anciens auteurs de la jurisprudence antérieure au Code. L'une et l'autre s'accordaient également à dire que tout individu, éloigné de son domicile, était à considérer comme sujet du pays où il se trouvait, même passagèrement, et devait par suite se conformer à la loi de ce pays pour la forme des actes qu'il y passait (2). Mais cette manière de voir qui se rattachait évidemment à des idées féodales ne saurait plus être admise aujourd'hui. Ce n'est que relativement aux lois de police et de sûreté que l'art. 3 du C. N. soumet à la souveraineté

(1) Locré. Lég., I, p. 380, art. 5, p. 400, n. 11 et p. 368.
(2) Voy. les autorités citées par Merlin, Repert., v° Test., sect. 2, § 4, art. 2.

française les étrangers qui résident ou voyagent en France. Rien n'autorise à étendre cette disposition aux lois qui règlent la forme des actes. D'ailleurs, les rédacteurs du Code Napoléon ont formellement répudié l'ancienne jurisprudence dans l'art. 999. En autorisant le Français qui se trouve en pays étranger à tester dans la forme olographe, que la loi étrangère admette ou non cette forme de tester, ils sont évidemment partis de cette idée que la règle *locuss regit actum* est purement facultative.

80. SIXIÈME PRINCIPE. — *L'étranger est autorisé à ester en justice soit en défendant, soit en demandant devant toute juridiction française compétemment saisie de la contestatoin dans laquelle il se trouve intéressé.* Ce principe est formellement consacré par les art. 14 et 15 du C. N., et il n'en faut pas moins pour nous autoriser à le proclamer, car 1° il est introductif de droit nouveau ; 2° il est en opposition avec les principes généralement admis dans les différents pays du continent ; 3° enfin il déroge à une règle de législation française, à la règle : *actor sequitur forum rei.* Aussi doit-il être interprété restrictivement. Voici toutefois des conséquences qu'il faut nécessairement admettre.

81. I. *Les Français sont autorisés à actionner les étrangers devant les tribunaux français pour l'exécution des obligations que ces derniers ont contractées à leur profit, soit en France soit à l'étranger* (art. 14). Il en est ainsi, bien que l'étranger n'ait pas de résidence en France, ou qu'il ne s'y trouve pas au moment où la demande est formée. Cette dernière proposition, qui ne peut être contestée en ce qui concerne les obligations con-

tractées en France, l'a été, mais bien à tort, relativement aux obligations contractées en pays étranger.
Il est bien vrai que la seconde partie de l'art. 14 ne
reproduit pas les termes : « même non résidant en
France » qui se trouvent dans la première partie. Mais
cette répétition était inutile à raison de l'intime communauté qui existe entre les deux dispositions de cet
article (1).

82. L'application de l'art. 14 est indépendante de la
nature et du fondement de l'obligation dont le Français
poursuit l'exécution. En vain a-t-on voulu, pour restreindre cette application, argumenter de l'expression :
obligations *contractées*. Cette expression a été évidemment employée dans son acception vulgaire comme
exprimant d'une façon plus concise l'idée : obligations
auxquelles un étranger peut se trouver soumis envers
un Français (2). La preuve en est dans l'art. 15, ou la
même expression comprend évidemment toutes les
causes d'obligations.

83. Mais étendrons-nous l'application de l'art. 14 au
cas où le Français est devenu créancier de l'étranger
sans aucun fait personnel de celui-ci? On distingue
entre le cas où l'obligation a pris directement et immédiatement naissance dans la personne du Français
contre l'étranger, et le cas où le Français n'est devenu
créancier que par suite de la cession que lui a faite un
autre étranger. Dans le premier cas, si par exemple le
Français a géré même en pays étranger les affaires de
l'étranger, cette gestion doit produire entre eux les

(1) Aubry et Rau, VI, § 748.
(2) Demolombe, I, 249. — Voy. cepend. Paris, 5 juin 1829,
Sir. 29, 2, 249.

mêmes rapports que ceux qui résulteraient d'un mandat (art. 1372 et 1375). Il est donc vrai de dire alors que l'obligation a été contractée par un étranger et envers un Français. Dans le second cas, dans l'hypothèse d'une cession, en premier lieu, le texte se dérobe complètement lorsque l'étranger s'est d'abord obligé envers un étranger, et que ce n'est que médiatement et indirectement que le Français est devenu créancier. En second lieu, la règle générale est que le cessionnaire n'a pas plus de droit que le cédant (1). Une exception devait être admise cependant pour ce qui regarde les cessions d'effets négociables. La raison de cette exception se trouve dans le principe que celui qui souscrit un effet négociable par un endossement, s'oblige, par cela même, directement envers les trois porteurs de cet effet, au jour de l'échéance (2).

La Cour de Paris a jugé que l'art. 14 n'est pas applicable lorsque le Français, envers lequel un étranger s'est obligé, était lui-même établi en pays étranger (3). M. Demolombe (4) pense avec M. Duranton (5) que le texte général et absolu de notre article ne saurait admettre cette distinction.

84. On a demandé si le Français peut, après avoir traduit lui-même l'étranger devant les tribunaux étrangers, le traduire devant les tribunaux français, soit après le jugement rendu, soit pendant la durée de l'in-

---

(1) Merlin. Quest., v°. Etranger, § 1, n. 4. — Fœlix, *op. cit.*, n°ˢ 148 et 149.

(2) Merlin. *Op.* et v° *citt.*, § 4, n. 4.

(3) Paris, 28 février 1814. Sir., 14, 2, 362.

(4) Demolombe. I, 249.

(5) Duranton. I, p. 102.

stance. Pour l'affirmative on a dit : On ne pourrait refuser au Français, la faculté dont il s'agit, qu'en regardant le fait d'avoir traduit l'étranger devant le tribunal de son pays comme une renonciation au droit de le traduire devant un tribunal de France. Or, ce droit, accordé au Français par l'art. 14, repose principalement sur un motif d'ordre public, qui ne permet pas de reconnaître aux jugements étrangers la force exécutoire en France. Le Français ne peut donc y renoncer (art. 6, C. N.; art. 546, C. pr.) (1).

Pour la négative on a répondu : Le Français ne peut, cela n'est pas douteux, donner par un consentement force exécutive aux jugements étrangers ; mais supposons que l'étranger a été renvoyé de la demande, et soutient seulement n'être pas débiteur du Français, il ne réclame pas alors l'exécution en France d'un jugement étranger, puisqu'il ne réclame rien. Dans cette espèce, l'intérêt que le Français aurait à poursuivre l'étranger devant les tribunaux français, est un intérêt purement privé auquel il a pu renoncer. D'autre part, est-il équitable que le Français puisse traîner l'étranger de tribunaux en tribunaux? Selon M. Demolombe, la solution de cette difficulté dépend donc d'une appréciation de textes et de circonstances (2). Il n'applique, du reste, ce mode de solution qu'aux actions véritablement litigieuses. Lorsqu'il ne s'agit que de mesures conservatoires ou des moyens d'exécution d'un titre d'ailleurs certain, l'éminent professeur pense que le Français a droit d'agir simultanément en pays étranger et en

(1) Zachariæ. T. I, p. 58.
(2) Demolombe. T. I, 251. En ce sens, Aubry et Rau, § 748 bis.

France, puisque son titre ne peut être déclaré exécutoire sur les biens situés dans chaque pays, que suivant les formes et par les autorités établies dans chaque Etat (art. 2123, 2128, Code N.; 546 et 554, C. pr.).

85. Autre question. — Devant quel tribunal devra être traduit l'étranger défendeur en matière personnelle? S'il réside en France devant le tribunal de sa résidence (1) (art. 59, C. pr.) Dans le cas contraire, en l'absence d'un texte, si l'obligation a été contractée en France, devant le juge du lieu où elle a été contractée (420, C. pr.). Si l'obligation a été contractée en pays étranger, devant le juge du domicile du Français demandeur, ou même devant un juge quelconque de France, compétent sous le rapport juridictionnel, pourvu, toutefois, qu'on ne reconnaisse pas dans le choix qui serait fait du tribunal, peut-être le plus éloigné, l'intention de nuire à l'étranger (2).

La disposition de l'art. 14 reçoit évidemment exception lorsqu'il existe des traités diplomatiques qui refusent toute juridiction aux tribunaux français, sur les sujets du pays avec lequel ces traités ont été conclus (3).

Indépendamment de tout traité, l'art. 14 ne s'applique pas aux gouvernements étrangers qui ne peuvent jamais être traduits devant les tribunaux français pour l'exécution des obligations contractées envers des Fran-

(1) Cass., 2 juillet 1822.
(2) Demolombe. Ibid.
(3) Voy. l'art. 7 du Traité conclu avec la Russie le 11 janvier 1787, Anciennes lois françaises t. 28, p. 290. — Vox. également l'art. 3 du Traité conclu avec la Suisse le 18 juillet 1828.
(4) Civ. Cass., 22 janvier 1849, Sir. 49, 1, 81.

çais. Il ne s'applique pas davantage aux ambassadeurs ou agents diplomatiques qui représentent, en France, un souverain étranger, ni aux autres personnes qui jouissent du privilége de l'exterritorialité (1). Mais les simples consuls et les agents commerciaux sont, comme les particuliers, justiciables des tribunaux fançais (2).

89. II. — *Les Français peuvent être actionnés devant les tribunaux de France par des étrangers, même pour l'exécution d'obligations contractées en pays étrangers* (art. 15). Cette proposition s'applique également aux étrangers naturalisés en France.

88. III. — *Un étranger ne peut, en matière purement personnelle et mobilière, appeler un autre étranger devant les tribunaux français, même pour l'exécution d'obligations résultant de contrats passés en France.* — Telle est, du moins, en l'absence de toute disposition législative, la doctrine universellement reconnue par la jurisprudence française. Elle est également suivie par la plupart des auteurs. Elle a cependant trouvé un adversaire convaincu dans M. Laurent (3). M. Laurent critique vivement les arguments invoqués par la jurisprudence. On lit dans un arrêt de la Cour de Colmar que « si le *droit* de rendre la justice est un apanage de la souveraineté, celui de la réclamer et de l'obtenir est un *avantage* que le sujet est fondé à exiger de son souverain ; » que, « sous ce double rapport, chaque monarque ne doit la justice qu'à ses sujets, et doit la refuser aux étrangers, à moins qu'ils n'aient un intérêt bien reconnu à faire juger le

(1) Fœlix. *Op. cit.*, nᵒˢ 184 à 192.
(2) Fœlix. *Op. cit.*, nᵒ 191.
(3) Principes du Droit civil, I, 440.
(4) Arrêt du 30 décembre 1815; Dalloz, Rép., Droits civils, 324.

procès dans ses États. » M. Laurent objecte que la justice n'est ni un *droit*, ni un *avantage*, ni un *intérêt*, mais avant tout un *devoir* que la société est tenue de remplir. Nous ne nous associons pas à cette critique, car on pourrait immédiatement nous répondre qu'il n'y a pas de *devoir* là où il n'y a pas de *droit*, et la question est précisément de savoir s'il y a, pour les étrangers, *droit* à invoquer la justice française. Nous pensons qu'il n'y a place, en cette matière, pour aucune discussion de *raison pure*, ni pour aucune théorie absolue. C'est, avant tout, théoriquement parlant, une question de *pure convenance*, et, à ce point de vue, qui toutefois est plutôt le point de vue du législateur que du jurisconsulte, la doctrine de la jurisprudence nous paraît hostile au développement des relations internationales, mauvaise par conséquent. Mais au point de vue auquel le jurisconsulte doit se placer, la question change d'aspect. Le jurisconsulte n'a affaire qu'aux principes de législation pratique. Or, le principe dans l'espèce, c'est l'adage : *Actor sequitur forum rei*, et aucun texte ne déroge à ce principe, quant aux contestations *entre étrangers*. Fondée sur ce principe, la doctrine de la jurisprudence trouve un nouveau point d'appui dans la discussion qui a précédé l'adoption de l'art. 14 du Code N. Après la lecture de l'art. 8 du projet, devenu, par la rédaction définitive, l'art. 14 du Code, « le consul Cambacérès dit qu'il est nécessaire d'ajouter à cet article une disposition pour les étrangers qui, ayant procès entre eux, consentent à plaider devant un tribunal français... » M. Defermon rappelle l'exception proposée par le consul Cambacérès pour les étrangers qui, ayant procès l'un contre l'autre, consentent à plaider devant un tribunal français ; il considère ce consentement comme établissant un arbitrage qui doit avoir son effet. Il demande si un étranger peut traduire devant un tribunal français un autre étranger qui a contracté envers lui une dette payable en France. M. Tronchet répond que le principe général est que le demandeur doit porter son action devant le juge du défendeur ; que cependant, dans l'hypothèse proposée, le tribuual aurait droit de juger, si sa compétence n'était pas déclinée. M. Defermon fait observer que ce serait éloigner les étrangers des foires françaises que de leur refuser le secours des tribunaux pour exercer leurs droits sur les marchands étrangers avec lesquels ils ont traité. M. Réal répond que dans ce cas les tribunaux de commerce sont compétents. M. Tronchet ajoute que la nature des obligations contractées en foire, ôte à l'étranger le droit de décliner la juridiction des tribunaux français. Mais l'article en discussion ne préjuge rien contre ce principe : il est tout positif, on ne peut donc en tirer aucune conséquence négative ; il ne statue que sur les contestations entre un Français et un étranger, et ne s'occupe pas de procès entre étrangers. Merlin tire de cette discussion les conséquences suivantes : la première, « que les étrangers peuvent, pour des dettes ordinaires, qu'ils se sont obligés à payer en France, reconnaître volontairement les tribunaux français qui, alors, prennent à leur égard, le caractère d'arbitres ; la seconde, que l'un des deux étrangers qui ont contracté ensemble, soit en France, soit en dehors, venant à décliner les tribunaux français, les principes veulent qu'on le renvoie à son juge domiciliaire ; la troisième que cette règle admet une exception relativement aux marchés faits dans les foires » (1). M. Lau-

(1) Merlin. Rép. Vᵒ Etranger, § 2.

rent combat la seconde de ces trois conséquences, en se fondant sur ce que Tronchet a mis l'art. 14 entièrement hors de cause en ce qui concerne les procès entre étrangers. Cela est exact, en effet ; néanmoins la conséquence, déduite par Merlin, nous paraît ressortir nécessairement de l'ensemble de la discussion, tel que nous l'avons présenté. Il ressort également de cette discussion que la maxime : *Actor sequitur forum rei* avait bien dans la pensée du législateur de 1804 la portée que nous lui donnons nous-même. Quand donc M. Laurent (1) affirme qu'elle s'applique uniquement pour déterminer quel est entre les divers tribunaux français celui qui est compétent en matière personnelle, nous ne pouvons y voir qu'une affirmation absolument gratuite.

Nous reconnaissons volontiers d'ailleurs que sur ce point la législation française se trouve en retard sur les législations des autres pays (2), et que son système est susceptible de produire dans beaucoup de cas des effets très-fâcheux. Ainsi, les tribunaux français se sont, à plusieurs reprises, déclarés incompétents pour connaître d'une demande en séparation de corps entre étrangers (3). Il en est résulté, dans un cas particulier, qu'un tribunal français a renvoyé une femme, maltraitée par son mari, à prouver, devant les tribunaux de Moscou, des faits passés en France (4).

Quoi qu'il en soit, nous devons maintenir notre pro-

(1) Ibid.

(2) Fœlix. *Op. cit.*, p. 196 et suiv. — Demangeat, *op. cit.*, p. 391.

(3) Voyez les nombreux arrêts cités par M. Demolombe, t. I, n° 261.

(4) Paris, 23 avril 1822. — Cass., rej., 27 novembre 1822. — Devilleneuve, 1822, I, 161.

Waliszewski.

position. Nous en préciserons seulement la portée en disant que si elle s'applique aux actions relatives à l'état des personnes comme aux demandes en séparation de corps, ou de biens, elle ne concerne pas les actions réelles ou mixtes, ayant pour objet les immeubles situés en France (1), —Nous verrons qu'elle reste également sans application aux contestations entre étrangers dont l'un ou l'autre a établi son domicile en France, conformément à l'art. 13. La seule circonstance qu'un étranger aurait formé un établissement en France et y résiderait de fait, mais sans avoir été autorisé à y établir son domicile, ne suffirait pas d'ailleurs pour écarter l'application de la règle générale (2).

89. Voici maintenant, d'après MM. Aubry et Rau (3), une série de ces cas exceptionnels dans lesquels les tribunaux français sont, même en matière personnelle et mobilière, compétents pour statuer sur des contestations entre étrangers.

1. Lorsqu'il existe des traités diplomatiques qui donnent aux sujets du pays avec lequel ils ont été conclus, le droit de se pourvoir les uns contre les autres devant les tribunaux français à l'instar des nationaux (4)?

2. Lorsque l'action a pour objet la réparation du dommage causé par un délit ou quasi-délit commis en France contre la personne d'un étranger ou contre le bien qu'il y possède (*Arg.*, art. 3, al. 1) (5).

(1) Fœlix. *Op. cit.*, 133, 135.
(2) Colmar, 30 déc. 1815 ; sir. 17, 2, 62.
(3) *Op. cit.*, 47, 48.
(4) Cpr. le Traité avec la Russie du 11 janv. 1787, art. 7 et 16.
(5) Voy. l'avis du Conseil d'Etat des 31 mai-4 juin 1806. — Duranton, 1, 53. — Demolombe, 1, 261.

3. Lorsque la demande se rapporte à l'exercice d'un droit ou à l'accomplissement d'un devoir dérivant d'une loi d'ordre public. C'est ainsi qu'une femme étrangère peut demander devant les tribunaux français que son mari soit tenu de la recevoir dans la maison conjugale ou de lui fournir des aliments (1).

4. Lorsqu'il s'agit de contestations commerciales, — M. Laurent (2) critique cette exception. Il croit qu'elle n'est pas plus écrité dans la loi que la règle à laquelle elle est censée déroger. MM. Aubry et Rau s'appuient sur l'article 420 du Code de procédure. On a toujours admis — disent-ils — que le choix déféré au demandeur par l'article 17, du titre XII, de l'ordonnance de 1673, dont l'article 420 du Code de procédure n'est que la reproduction, appartient aux étrangers comme aux nationaux (3). M. Laurent répond que la Cour de cassation, aux propres termes de ses considérants : « Après avoir mûrement délibéré et avoir examiné la question sous toutes ses faces, est demeurée convaincue que l'article 420 n'est fait que pour les nationaux (4). Les autres auteurs adoptent en général la doctrine de de MM. Aubry et Rau, mais par des motifs différents. Marcadé (5) dit : « A raison de la célérité que demandent les affaires commerciales, les deux adversaires sont légalement présumés avoir eu l'intention d'être jugés, le cas échéant, par les tribunaux du pays. M. Laurent repousse ce motif : « Il ne peut, dit-il, y avoir de pré-

(1) Fœlix. *Op. cit.*, n° 137; Paris, 19 décembre 1833; sir. 34, 2, 384
(2) *Op. cit.*, I, 241.
(3) Merlin. Rép., v° Etranger, § 2, Toullier, I, 265. — Par-dessus, Cours de droit commerc., V. 1477.
(4) Voy. les arrêts cités par Dalloz, Rép. Droit civil, n° 338.
(5) T   p. 105, 2.

somption *légale*, là où il n'y a pas de *loi* qui l'établisse. »
M. Demolombe (1) se fonde sur l'article 3 ; à son sens
l'exception proposée est en quelque sorte une loi de police. M. Laurent répond que la paix publique n'est pas
moins intéressée dans un débat civil que dans un débat
commercial. Quant à la jurisprudence, pendant longtemps aucun principe fixe ne l'a guidée et la Cour de
cassation a laissé aux tribunaux la faculté de statuer à
leur gré sur ces sortes de contestations, sans les y obliger, sous peine de déni de justice, même en cas de consentement des étrangers à leur juridiction (2). Mais
depuis 1827 la jurisprudence de la Cour de cassation
et des autres Cours paraît consacrer pour ce cas la com
pétence absolue et nécessaire des tribunaux français (3)
Ajoutons que, du sentiment de la majorité des auteurs,
le négociant étranger qui, sans avoir établi son domicile en France, y possède cependant un établissement
de commerce, doit, quant à l'application de l'article
précité, être réputé avoir indiqué le lieu où se trouve
cet établissement pour le paiement des obligations relatives à son commerce.

5. Lorsque l'étranger est actionné devant un tribunal
français, conjointement avec des Français ou avec
d'autres étrangers, à l'égard desquels les tribunaux
français se trouveraient compétents, soit parce qu'ils
avaient établi leur domicile en France, soit en raison de
toute autre circonstance (*Arg.*, art. 59, al. II, du Code
de proc.).

(1) I, 261.
(2) Voyez les arrêts cités par Dalloz, Rép., Droit civil, 338.
(3) Req., 24 avril 1827. — Dalloz, Rép., Droit civil, 344. — Cass.,
26 nov. 1828, Sir. 29, I, 9. — Montpellier, 23 janv. 1841. Devilleneuve, 41, 11, 193.

6. Lorsque, avant toute contestation, l'étranger s'est soumis expressément ou tacitement à la juridiction française. C'est ce qui a lieu quand l'action est relative, soit à un contrat pour l'exécution duquel les parties ont fait élection de domicile en France, soit à un paiement qui doit y être effectué en vertu de la convention intervenue entre elles. M. Laurent critique vivement cette exception : « Si la juridiction est essentiellement nationale, si elle n'est établie que pour des Français, si les lois ne sont faites que pour eux, comment la volonté des étrangers pourrait-elle donner compétence à des tribunaux radicalement incompétents? Une pareille anomalie exigerait un texte. Et où est-il? On cite l'article 111 du Code civil, qui attribue compétence au juge du domicile élu, mais cet article, pas plus que l'article 420 du Code de procédure, ne parle des étrangers. » — Pour la défense de l'exception. nous rappellerons premièrement la discussion sur l'article 11, que nous avons reproduite ailleurs. Nous ferons observer, en second lieu qu'il s'agit d'une incompétence *ratione personæ* seulement. — Comme application nous avons cité le cas où il y a eu élection de domicile en France. M. Valette ajoute : « Cette élection sera facilement présumée dans certaines circonstances, par exemple lorsqu'il s'agira d'un salaire modique promis à un ouvrier auquel un travail a été commandé (1). » — « Quoi! s'écrie M. Laurent (2), alors que, par sa nature, la fiction est de stricte interprétation, elle se présumera si le

____

(1) Valette. De l'état des personnes, I, 160.
(2) *Op. cit.*, I, 242.

saláire est modique, elle ne se présumera pas si le salaire est considérable ? » Pour notre compte, nous ne voyons rien que de très-raisonnable dans la proposition de M. Valette.

La grande majorité des auteurs s'est prononcée dans le sens de MM. Aubry et Rau (1). Quant à la jurisprudence, après avoir été longtemps divisée, elle paraît fixée aujourd'hui dans le même sens (2).

L'exception admise, une question s'élève encore : Les tribunaux sont-ils tenus, en présence du consentement des étrangers à subir leur juridiction, de conserver la connaissance de l'affaire? La négative est généralement admise et par la doctrine et par la jurisprudence. Aussi MM. Aubry et Rau ajoutent: « Il existe cependant entre ces différents cas d'exception une notable différence, en ce que, dans les cinq premières, les tribunaux sont non-seulement autorisés à juger la constation qui leur est soumise, mais encore tenus de le faire, tandis que dans le sixième et dernier, il leur est loisible de retenir la cause ou d'en renvoyer la connaissance aux tribunaux étrangers.

90. Le principe d'après lequel les étrangers ne sont point admis à s'actionner devant les tribunaux français, ne s'oppose point à ce qu'un créancier étranger ne puisse, en vertu d'un titre exécutoire émané d'une autorité française, ou même d'un titre émané d'une autorité étrangère, mais déclaré exécutoire par un juge français, saisir en France les biens, meubles ou immeubles appartenant à un débiteur étranger.

(1) Merlin. *loc. cit.* et V° Domicile, § 2, n° 3. — Fœlix. *Op. cit.*, n° 130.

(2) Voy. la note de Dalloz, Rec. périod., 1858, I, 313.

91. Le principe qui autorise l'étranger à ester en justice étant ainsi défini et limité, nous devons indiquer certaines différences qui, dans ces limites même, distinguent encore l'étranger du Français. Ces différences, qui étaient autrefois au nombre de quatre, se trouvent réduites aujourd'hui à deux.

1° Jusqu'à la loi de 1867, abolitive de la contrainte par corps, la contrainte par corps pouvait être prononcée contre les étrangers dans des cas où elle ne pouvait l'être contre des Français ; cela, en vertu de la loi du 17 avril 1832.

2° Jusqu'à la même loi de 1867 et en vertu de la loi de 1832, les étrangers pouvaient, lorsque leurs dettes étaient exigibles, être arrêtés provisoirement en vertu d'une simple ordonnance de président de tribunal ; ce qui n'était en aucun cas permis à l'égard d'un Français.

Ces deux différences n'existent plus aujourd'hui.

3° L'étranger n'est admis à plaider comme demandeur que sur la condition de fournir la caution *judicatum solvi* (art. 16). La faculté accordée par l'article 15 à l'étranger de traduire dans tous les cas le Français devant les tribunaux de France, présente un danger : l'étranger peut disparaître et retourner dans son pays, en laissant ainsi le Français dans l'impossibilité de recouvrer contre lui ce qu'il lui doit. En présence de ce danger, le législateur a senti la nécessité de donner quelques garanties au plaideur français. Il lui en a donné dans les dispositions que nous venons de rappeler sous les n°ˢ 1 et 2 ci-dessus et qui n'existent plus. Il lui en a donné dans la caution *judicatum solvi*, dont l'obligation pour l'étranger subsiste toujours.

92. Nous avons ici plusieurs questions à résoudre.

a. *A qui la caution judicatum solvi peut-elle être deman-dée?*—A l'étranger demandeur principal ou intervenant. L'étranger défendeur n'y est donc point soumis (art. 16). Pourquoi cette distinction ? « Il ne serait pas juste, répond M. Demolombe (1), de gêner par cette entrave le droit sacré de la défense. » Mais, observons-nous, le droit de demander ce qui nous est dû n'est-il pas aussi sacré que le droit de ne pas laisser prendre ce que nous ne devons pas. Nous sommes toutefois embarrassé pour trouver une autre explication, et nous croyons à une erreur législative. Quoi qu'il en soit, le texte est précis et voici immédiatement une conséquence de la distinction qu'il établit : l'étranger défendeur en pre-mière instance et qui porte appel du jugement qui l'a condamné, n'est pas tenu de fournir caution : l'appel n'est, en effet, qu'une suite, une continuation de sa dé-fense (2). Pareillement l'étranger ne doit pas la cau-tion lorsqu'il poursuit seulement l'exécution d'un *titre paré*. Il ne forme pas alors de demande, il exerce un titre exécutoire par sa propre force (art. 545, 547, Code proc.).

Sauf ces restrictions, tout étranger demandeur peut être astreint à donner la caution, fût-il ambassadeur ou souverain (2).

b. *A qui la caution judicatum solvi doit-elle être donnée?* — Au Français défendeur, sans nul doute. Mais un étranger assigné par un autre étranger en France, peut-

(1) I, 255.
(2) Paris, 31 janv. 1835.
(3) Merlin. Quest., v° Caution *judicat solvi*.

il aussi la réclamer? Pour l'affirmative on s'appuie :
1° sur la généralité des articles 16, Code Napoléon et
166 Code proc. ; 2° sur l'identité des motifs; 3° sur la
tradition de l'ancien droit (1). Pour la négative on fait
ressortir l'unité de pensée qui réunit les articles 15 et
16 Code Napoléon, dont le premier suppose un Français assigné par un étranger. L'article 16 est d'ailleurs
une *loi civile* française, dont l'étranger ne peut réclamer le bénéfice qu'en vertu, soit d'un traité international, soit d'un texte précis. Pour que la question
puisse d'ailleurs être soulevée, il faut évidemment supposer un des cas exceptionnels (2) où l'étranger est
obligé de reconnaître la compétence du tribunal français. La négative est évidente dans le cas où l'étranger
pourrait opposer l'incompétence; puisque s'il plaide
alors, c'est qu'il le veut bien.

c. *Dans quelles matières la caution judicatum solvi peut-
elle être demandée?* — En toute matière, par conséquent
même, en matière criminelle, si l'étranger forme une
demande en qualité de partie civile (3). La loi excepte
néanmoins *les matières de commerce*, à raison : 1° de la
faveur que méritent les relations commerciales; 2° de la
modicité des frais; 3° de la rapidité de ce genre d'affaires.

d. *Pour quelles causes la caution judicatum solvi peut-elle
être demandée?* — L'art. 16 du Code civil, plus précis
que l'art. 166 du Code de procédure, limite l'obligation

(1) En ce sens, Paris, 30 juillet 1834. — Valette, s. Proudhon,
l. I, p. 157. — Demolombe, 1, 255.
(2) Voy. ci-dessus., p. 130 et suiv.
(3) Cass., 3 février 1814, sir, 1814, I. 116.

de la caution aux frais et dommages-intérêts résultant du procès. — Le but de la loi et la raison paraissent l'exiger ainsi, puisque le défendeur n'aura rien de plus à réclamer à raison du procès, s'il est renvoyé de la demande, et que, s'il perd sa cause, il sera même constitué débiteur.

e. *A quel moment la question judicatum solvi doit-elle être demandée?* — Cette question est très-obscure et très-controversée. En effet, les article 166, 169 et 173 du Code de procédure sont rédigés de telle manière qu'il est difficile de décider entre les trois exceptions de cautions *judicatum solvi*, d'incompétence et de nullité d'exploit, laquelle doit être proposée la première. L'opinion la plus accréditée, veut que l'exception de la caution soit proposée *in limine litis*, à peine de déchéance (1).

Notons enfin que l'étranger est dispensé de donner caution : 1° lorsqu'il consigne la somme jusqu'à la concurrence de laquelle le jugement a ordonné qu'elle serait fournie; 2° lorsqu'il justifie que ses immeubles, situés en France, sont suffisants pour en répondre; 3° dans le cas d'un traité fait avec la nation à laquelle il appartient (art. 11); 4° dans le cas où il a été admis par le gouvernement à jouir des droits civils en France (2). (Art. 13.)

Nous ne ferons que mentionner une deuxième différence existant encore aujourd'hui entre le français et l'étranger : l'étranger n'est pas admis au bénéfice de la cession des biens (art. 905 du Code de proc.). Le texte de la loi est précis et ne demande aucun commentaire.

(1) Aubry et Rau, § 747. — Demol., 1, 258.
(2) Demolombe. 1, 259; Aubry et Rau, I, § 78 et VI, § 747.

APPENDICE.

93. Pour compléter la théorie qui ressort des trois principes développés par nous en dernier lieu, nous devons dire un mot des effets que produisent en France les jugements et les actes émanés de tribunaux ou d'officiers publics étrangers.

Le siége de cette matière se trouve dans l'art. 121 de l'ordonnance de 1629, dans les art. 2123 et 2128 du C. N., et 546 du Code de proc. civ. L'art. 121 est ainsi conçu : « Les jugements rendus, contrats ou obligations reçus ès royaumes et souverainetés étrangères, pour quelque cause que ce soit, n'auront aucune hypothèque ni exécution en notredit royaume, ains tiendront les contrats lieu de simples promesses, et, nonobstant ces jugements, nos sujets contre lesquels ils auront été rendus, pourront de nouveau débattre leurs droits comme entiers par devant nos officiers. » Ces dispositions, conséquence directe du principe de la souveraineté nationale, doivent encore aujourd'hui être appliquées dans toute leur étendue (1).

En voici les applications les plus importantes :

a) Les jugements ou actes émanés de tribunaux, ou d'officiers publics étrangers, ne peuvent être mis à exécution en France, soit contre des personnes, soit sur les biens meubles ou immeubles qui s'y trouvent,

(1) Aubry et Rau, § 32, note 1. — Comp. Dissertation, p. Valette, Revue de droit français et étranger, 1849, VI, p. 597.

qu'en vertu d'un ordre d'exécution donné par un juge français (Code de pr., art. 546 ; C. N., art. 2123, 2128).

b) Les jugements rendus en matière contentieuse, par des tribunaux étrangers, ne jouissent pas en France de l'autorité de la chose jugée. Ils ne peuvent donc être invoqués devant les tribunaux français, ni à l'appui et comme titre légal d'une demande nouvelle, ni pour repousser sur le fondement de la chose jugée une demande ou une exception tendant à remettre en question l'existence ou la non-existence des faits ou des droits sur lesquels ces jugements sont intervenus. C'est en ce sens du moins que se prononcent la plupart des auteurs (1). — Cependant, selon Fœlix (2), les articles 2123 et 2128 du C. N., et l'art. 546 du C. de pr., n'ayant reproduit que la première partie de l'art. 121, cité plus haut, relative à l'exécution des jugements étrangers ; la seconde partie, relative à la chose jugée, se trouve virtuellement abrogée. — Mais il semble plus logique d'admettre que les rédacteurs du Code, tout en ne reproduisant pas littéralement l'ordonnance de 1629, n'ont pas voulu rompre avec tous les antécédents de notre jurisprudence, et qu'en exigeant un ordre d'exécution à donner par les tribunaux français, ils ont voulu reprendre les anciennes idées. — MM. Massé (du droit commercial, II, 305 et 306) ; Salomon (*Essai sur la condition juridique des étrangers*, p. 408 et suiv.) ; et Demangeat (op. cit., 88), se placent à un autre point de vue : suivant eux, l'autorité du jugement quant à la

(1) Aubry et Rau, § 32, note 2 et les autorités citées par l'auteur. — En ce sens aussi, Paris, 22 nov. 1851, Sir. 51, 2, 783.
(2) *Op. cit.*, 23, 293, 315 à 322.

chose jugée, ne se fonde pas sur l'autorité du souverain, dans le territoire duquel le jugement a été rendu,
mais bien sur le *contrat judiciaire* intervenu entre les
parties ; contrat analogue à une convention ordinaire,
et dont la partie adverse ne peut demander la révision.
Cette manière de voir serait exacte si le contrat dont il
s'agit était *volontaire* ; mais évidemment il ne l'est pas,
puisqu'il est imposé aux parties, sous les *peines du défaut*. Or, précisément l'obligation de se prêter à la formation du contrat judiciaire sous la sanction de ces
peines, dérive incontestablement du pouvoir public, et
expire avec ses effets là où ce pouvoir expire.

94. — Voici maintenant, toujours relativement à la
question de la chose jugée, une distinction admise par
les auteurs français les plus autorisés. Deux cas sont à
considérer : dans le premier, le juge français est appelé
à déclarer exécutoire un jugement rendu à l'étranger
contre un français, au profit soit d'un étranger, soit
même d'un français. Si alors la partie condamnée demande à débattre de nouveau ses droits, le juge est légalement obligé de procéder à la révision du jugement.
Il doit donc examiner le dispositif sous le double rapport
de l'appréciation des faits et de l'application des règles
de droit, et le réformer s'il y a lieu. — Dans le second
cas, le juge français est appelé à déclarer exécutoire
un jugement rendu *contre un étranger*. Il peut ici et
doit en général se borner à examiner : 1° si l'acte qu'on
lui présente constitue, d'après la loi étrangère, un véritable jugement au double point de vue des pouvoirs
de l'autorité dont il émane et de la solennité requise par
l'administration de la justice ; 2° si, d'un autre côté, cet
acte ne renferme pas des dispositions contraires à l'or-

dre public en France (1). Cette distinction a son point d'appui dans l'art. 121 de l'ordonnance de 1629. Cet article présente, en effet, la faculté de demander la révision du jugement comme un privilége accordé au français. — Cependant, une jurisprudence plus récente paraît admettre, en se fondant sur la généralité des nouveaux textes, que la révision est toujours obligatoire sans distinction.

95. Ce que nous avons dit jusqu'ici sur la question de la chose jugée par rapport aux jugements rendus par les tribunaux étrangers, l'appliquerons-nous aussi aux jugements rendus à l'étranger par des arbitres? Oui, s'il s'agit d'arbitres délégués par un tribunal étranger, ou même nommés par les parties, mais en conformité d'une loi étrangère qui en imposait l'obligation à ces parties. — Non, il s'agit d'arbitres que les parties ont elles-mêmes et volontairement constitués, en ce sens du moins que les sentences rendues par de pareilles arbitres ne seront point soumises à révision quant au fond, et qu'elles deviendront exécutoires en France, en vertu d'une simple *ordonnance d'exequatur* délivrée par un juge français, conformément à l'art. 1020 du Code de procédure (2).

c) Les jugements et sentences arbitraires, rendus à l'étranger, n'emportent hypothèque judiciaire, sur des immeubles situés en France, qu'autant qu'ils ont été déclarés exécutoires par un tribunal français (art. 2123 Code civil).

96. — Tout ce qui vient d'être dit sur les jugements

(1) Aubry et Rau, § 32 ; Valette, *op. cit.*, n. 10.
(2) Valette. *Op. cit.*, 11.

en matière *contentieuse* s'appliquerait en pure théorie aux actes de juridiction *gracieuse ou volontaire*. Mais des considérations de convenance réciproque et d'utilité commune ont fait admettre en France, comme dans les autres Etats, et ce, par extension de la règle, *locus regit actum*, que les actes de juridiction volontaire, passés ou reçus dans un pays doivent, sauf la force d'exécution, avoir effet dans tout autre pays, et notamment jouir partout de la même force probante. — Toutefois, par une dérogation particulière à cette règle de droit international, les contrats reçus par des officiers publics étrangers, ne peuvent conférer d'hypothèque conventionnelle sur les immeubles situés en France (article 2128). — Cette dérogation paraît à MM. Aubry et Rau (1) être le résultat d'une confusion entre l'*authenticité* des actes et leur *force exécutoire*. — M. Demangeat explique autrement cette dérogation, de laquelle résulte cette conséquence, ou plutôt cette inconséquence que la même personne qui pourrait, étant à l'étranger, aliéner la plénitude de son droit de propriété sur son immeuble situé en France, ne peut, tant qu'elle est hors de France, aliéner cette |portion de son droit de propriété que nous appelons hypothèque. On n'a pas voulu qu'un officier public étranger pût imposer à un acte un caractère tel que cet acte fût suffisant pour permettre l'engagement d'un immeuble situé en France. On a craint d'attribuer au gouvernement étranger, sur les immeubles de France, un droit de souveraineté qui ne doit appartenir qu'au gouvernement français et à ses officiers (2).

(1) § 32, note 12.
(2) Demangeat. *Op. cit.* 76.

97. — Toutes les règles que nous venons de développer, relativement à l'effet des jugements et des actes émanés de tribunaux ou d'officiers publics étrangers, sont susceptibles d'être modifiées par des lois spéciales ou des traités politiques (1). Mais la simple réciprocité de fait sans traité formel, ne suffirait pas pour en écarter l'application (art. 2123 et 2128). (2). — Du reste, dans le cas même où, en vertu de traités, il n'y aurait pas lieu à révision quant au fond des jugements rendus à l'étranger, les tribunaux français appelés à déclarer exécutoires de pareils jugements, pourraient et devraient cependant refuser l'*exequatur*, si ces jugements renfermaient, au point de vue de la législation française, des dispositions contraires à l'ordre public, ou s'ils émanaient de juges non compétents, soit à raison de la nature de la contestation, soit à raison de la nationalité des parties.

CHAPITRE II.

CONDITION JURIDIQUE DES ÉTRANGERS APPARTENANT A DES PAYS AVEC LESQUELS LA FRANCE A CONCLU DES TRAITÉS QUI ACCORDENT AUX FRANÇAIS, DANS CES PAYS, LA JOUISSANCE DE TOUS OU CERTAINS DROITS CIVILS.

98. — Nous n'avons à préciser la condition de cette deuxième classe d'étrangers qu'au point de vue du *droit privé*. Au point de vue du *droit constitutionnel*, leur con-

(1) Voy. le Traité avec la Russie, art. 16.
(2) Merlin. Quest., v° Jugement, § 15.

dition est la même que celle des étrangers de la première classe.

Le siége de la matière est dans l'art. 11. D'après la teneur de cet article, pour qu'un étranger puisse être admis à jouir en France de tels ou tels droits civils, il ne suffit pas que de fait, et d'après l'usage, la jurisprudence ou la législation des pays auquel il appartient, les Français soient reconnus aptes à y exercer des droits. Il faut qu'ils soient autorisés à en réclamer la jouissance en vertu d'une convention diplomatique. En effet, la rédaction communiquée au Tribunat était ainsi conçue : « L'étranger jouira en France des droits civils qui sont ou seront accordés aux Français par *les lois*, ou les traités de la nation à laquelle cet étranger appartiendra (1). — Mais le Tribunat fit observer qu'il était peu convenable que la législation française, à l'égard des étrangers, dépendît uniquement des législations étrangères à l'égard des Français. Alors la section de législation du Conseil d'Etat reconnut qu'on devait exiger que la concession fût synallagmatiquement consentie par des traités. De là résulte la suppression des mots *les lois* qu'on ne retrouve plus dans la rédaction définitive de l'art. 11.

99. — Il n'est pas du reste nécessaire que la convention diplomatique stipule, au profit des sujets du pays avec lequel elle est conclue, la réciprocité des droits dont elle concède la jouissance aux Français ; cette réciprocité a lieu de plein droit.

La concession faite par l'art. 11 n'ayant lieu qu'à titre de réciprocité, elle doit être renfermée dans les

(1) Locré. Lég., II, pp. 210 et 211, n. 3.

Waliszewski. 10

limites d'une riguoreuse égalité. En d'autres termes, elle doit être restreinte à la mesure des droits dont un français, de condition pareille à celle de l'étranger qui se prévaut des dispositions de cet article, pourrait réclamer la jouissance, en vertu de la législation du pays auquel cet étranger appartient. C'est par application de cette règle que la Cour suprême (1) a décidé que la Cour de Liége avait violé les art. 726 et 912 du C. N., en admettant des religieuses étrangères frappées de mort civile, et par conséquent incapables de succéder dans leur pays, à recueillir une succession en France (2).

100. — Il est du reste évident qu'un étranger ne saurait, en se fondant sur l'art. 11, réclamer en France la jouissance de droits plus étendus que ceux dont y jouissent, d'après la législation française, les Français qui se trouvent dans la même position que lui (3).

CHAPITRE III

CONDITIONS JURIDIQUE DES ÉTRANGERS ADMIS A ÉTABLIR LEUR DOMICILE EN FRANCE AVEC L'AUTORISATION DU GOUVERNEMENT.

§ 1. — *Droit constitutionnel.*

101. La condition de cette classe d'étrangers diffère au point de vue de ce droit de celle des étrangers ordi-

---

(1) Civ. Cass., 24 août 1808, Sir. 9, 1, 332.

(2) Aubry et Rau, § 79. — Merlin, Rép., v° Success., sect. 1, § 23, art. 2.

(3) Civ. rej., 10 août 1813, Sir. 14, 1, 3.

naires sous quelques rapports particuliers, par suite de lois spéciales. Ainsi :

a). Aux termes de l'art. 7 de la loi des 13-21 novembre et 3 décembre 1849, dont nous avons déjà parlé, le ministre de l'Intérieur a le droit de faire sortir de France les étrangers qui y voyagent en y résident et ceux-mêmes qui auraient été autorisés à y établir leur domicile. Mais quant à ces derniers, l'effet de la mesure d'expulsion cesse de plein droit au bout de deux mois, lorsque pendant ce délai, l'autorisation qui leur avait été accordée n'a pas été régulièrement révoquée.

b). L'art. 1er du décret du 5 décembre 1850, accorde à l'étranger admis à jouir des droits civils en France le droit d'ouvrir et de diriger une école primaire ou secondaire *libre*, il n'accorde pas le même droit à l'étranger ordinaire. Toutefois, l'art. 7 du même décret, refuse à l'étranger *non naturalisé* la faculté d'obtenir aucune fonction à titre définitif dans un établissement *public* d'instruction primaire ou secondaire,

c). L'art. 8 du décret du 11 janvier 1852, admet les étrangers de notre 3e classe à faire partie de la garde nationale.

d). Enfin, la nouvelle loi de 1874, établit au point de vue des jouissances communales et notamment au point de vue du droit d'affouage, entre les étrangers domiciliés et non domiciliés, une dernière distinction que nous connaissons déjà.

§ 2. — *Droit privé*.

102. Art. 13. L'étranger admis à établir son domicile en France est apte à jouir des droit civils. L'autorisation

du Gouvernement ne suffit pas; la résidence est simultanément exigée et l'accomplissement de l'une de ces deux conditions ne saurait suppléer au défaut de l'autre. On a cependant prétendu qu'un étranger venant habiter en France avec l'intention d'y fixer le siége de ses affaires, y acquérait, indépendamment de l'autorisation du Gouvernement, un véritable domicile et se trouvait dès lors en droit de réclamer les avantages attachés à la position d'un étranger domicilié, aussi bien qu'en devoir de subir les charges de cette position. Il est vrai que dans le droit ancien et sous la législation intermédiaire, on reconnaissait généralement à l'étranger la faculté d'acquérir par lui-même, conformément aux règles ordinaires, un véritable domicile en France en y établissant sa résidence avec l'intention d'y fixer le siége de ses affaires (1). Mais nous pensons avec MM. Aubry et Rau (2), que les art. 13 et 102, rendent aujourd'hui cette opinion inadmissible. Non pas qu'il nous paraisse résulter de l'art. 13, comme le disent ces auteurs, que pour établir son domicile en France, l'étranger est soumis à la même condition que pour y jouir des droits civils, c'est-à-dire à la nécessité d'obtenir l'autorisation du Gouvernement. L'art. 13 ne dit pas cela. L'impossibilité, pour l'étranger d'obtenir un domicile en France sans l'autorisation du gouvernement, résulte à notre sens tout simplement de ce que le droit d'obtenir un tel domicile est un *droit civil*. Quoi qu'il en soit, la solution donnée par MM. Aubry et Rau, est exacte si l'argument invoqué ne l'est pas, et cette

(1) En ce sens, Req. rej., 8 thermidor an X, Sir. 3, 1, 368.
(2) Aubry et Rau, § 78, note 22.

solution se trouve corroborée soit par la rédaction évidemment restrictive de l'art. 102, soit par l'avis du conseil
d'Etat des 18-20 prairial an XI, portant en propres termes
que *dans tous les cas* où un étranger veut s'établir en France
il est tenu d'obtenir l'autorisation du gouvernement.

Cependant Prudhon (1) enseigne que l'étranger
établi en France, sans esprit de retour dans son pays,
se trouve quant à son état et à sa capacité régi par la
loi française. Cette théorie, dite de *l'incolat*, adoptée par
M. Valette (2) a été réfutée par Merlin (3), MM. Aubry
et Rau se rangent de l'avis de cet auteur (4) et nous
n'avons pas de peine à les suivre. Il faut en effet reconnaître qu'en se fixant en France sans esprit de retour
et en abdiquant ainsi sa patrie, l'étranger demeure
étranger, simple étranger, vis-à-vis de la loi française
qui ne saurait entrer dans ses intentions et en mesurer
la plus ou moins grande certitude.

Si la résidence est insuffisante indépendamment de
l'autorisation, réciproquement l'autorisation non suivie
de résidence n'aurait aucun effet. Une résidence fictive
ou même réelle, mais purement passagère serait égale
ment insuffisanteselon la jurisprudence (5).

103. D'autre part la jouissance des droits civils demeure toujours subordonnée au non-retrait de l'autorisation. L'avis du conseil d'Etat des 18-20 prairial an XI,
avait déjà reconnu au gouvernement le droit de révo-
quer l'autorisation accordée à l'étranger d'établir son

(1) I, p. 190 à 197.
(2) I, p. 194.
(3) Rép., v° Etranger, § 1, n. 10.
(4) § 79, note 5.
(5) Douai, 9 déc. 1829, Sir. 32, 2, 648.

domicile en France. Ce droit a été maintenu par l'art. 3 de la loi des 13-21 nov. et 3 décembre 1849 qui porte : « Tant que la naturalisation n'aura pas été prononcée, l'autorisation accordée à l'étranger d'établir son domicile en France pourra toujours être révoquée ou modifiée par décision du gouvernement qui devra prendre l'avis du conseil d'Etat. Le conseil d'Etat a d'ailleurs ici un rôle purement consultatif; cela résulte de la rédaction même de l'article précité, rapprochée de celle de l'art, 1er, alinéa 2, et au sujet d'un amendement de M. Wolowski, qui avait proposé de remplacer les mots:» qui devra prendre l'avis du conseil d'Etat sur ceux-ci : « sur l'avis conforme du conseil d'Etat » (1).

104. Enfin la jouissance des droits civils est subordonnée à la continuation de la résidence en France. Toutefois une absence momentanée n'entrainerait aucune déchéance (2).

105. Moyennant l'accomplissement de ces conditions :

a). L'étranger est à l'instar d'un français apte à jouir de tous les droits civils indistinctement. Ainsi par exemple, il n'est pas exclu du bénéfice de la cession des biens.

b). L'étranger cesse d'être soumis aux mesures exceptionnelles qu'entraîne l'extranéité. Ainsi, il n'est pas tenu de fournir la caution *judicatum solvi*.

c). L'étranger jouit en général dans ses rapports avec les étrangers des même priviléges que les français. Ainsi il peut, en vertu de l'art. 14, les actionner devant les tribunaux français. Il faut cependant qu'il s'agisse

(1) *Moniteur* du 1er déc. 1849.
(2) Valette, s. Proudhon, I, pp. 178 et 179, note a *in fine*.

de l'exécution d'obligations contractées directement à son profit depuis l'établissement de son domicile en France. En effet sa position ne peut être plus favorable que celle d'un français qui ne pourrait poursuivre un étranger devant des tribunaux français à raison d'obligations contractées originairement envers un étranger (1). Quand l'étranger qui a été admis à établir son domicile en France est défendeur, il est indifférent que l'obligation dont l'exécution est poursuivie soit antérieure ou postérieure à l'établissement de son domicile en France (2).

d). L'établissement par un étranger de son domicile en France avec l'autorisation du gouvernement, a pour effet de soumettre sa succession mobilière à la loi française. En effet, 1° on a toujours considéré que la succession mobilière était soumise à la loi du domicile du défunt, c'est-à-dire à la loi du lieu où la succession s'ouvre. Il est vrai que ce principe appliqué aux successions mobilières des étrangers domiciliés en France est loin d'avoir la même force qu'autrefois lorsqu'on l'invoquait seulement pour déterminer entre plusieurs coutumes, très-diverses mais toutes *nationales*, laquelle réglait la succession mobilière du *français* décédé. Cependant le motif d'utilité et de raison sur lequel reposait l'ancien principe subiste encore.

e). La loi dont il s'agit est une loi civile et par conséquent applicable à l'étranger domicilié aussi bien en sa faveur que contre lui.

106. Toutefois l'étranger dont nous nous occupons

(1) Vide. Supra. p. 120 et suiv.
(2) Metz, 17 janv. 1839, Sir. 39, 2, 474.

n'est pas complètement assimilé au français, même au point de vue du droit civil.

a). Il demeure toujours assujetti à son statut personnel et il en est ainsi lors même que l'étranger, admis à établir son domicile en France s'y est fixé sans esprit de retour dans son pays, puisque la réunion de ces deux conditions ne lui confère pas la qualité de français (1). M. Demangeat (2) refuse de reconnaître ce principe. A ses yeux, le seul obstacle qui empêche l'application du statut personnel français à l'étranger, consiste dans l'impossibilité où se trouve celui-ci d'acquérir un véritable domicile en France, sans l'autorisation du gouvernement ? Nous avons repoussé par avance cette manière de voir, en établissant le véritable fondement, à notre sens, de la règle qui veut que le statut personnel de l'étranger soit respecté. M. Valette propose une distinction entre l'étranger qui s'est fixé en France, sans esprit de retour et celui qui ne s'y est établi qu'en conservant la pensée de retour (3). Cette distinction nous paraît inadmissible puisque dans les deux cas, l'étranger reste toujours étranger.

b). L'incapacité de figurer comme témoin dans un testament subsiste pour l'étranger domicilié. Il résulte, eu effet, de l'art. 980, que les individus qui, réunissent les qualités physiques et morales pour être témoins, ne peuvent concourir à la confection d'un testament qu'autant qu'ils sont mâles majeurs, *sujets de l'Empereur* et qu'ils jouissent des droits civils (4).

(1) Aubry et Rau, § 79, note 17.
(2) *Op. cit.*, nᵒˢ 81 et 82.
(3) Valette, s. Proudhon, I, p. 178, note *a*.
(4) En ce sens, Aubry et Rau, § 670. — Merlin, Rép., vᵒ Témoin

107. L'autorisation accordée à un étranger, d'é-
tablir son domicile en France s'étend virtuellement
à sa femme, ainsi qu'aux enfants mineurs soumis
à la puissance paternelle. Si donc ils résident en
France, ils sont admis à la jouissance des droits civils.
En effet, le domicile des enfants mineurs et de la
femme mariée. se trouvant lié à celui du père et du
mari, l'autorisation demandée et obtenue par ce dernier
d'établir son domicile en France, doit virtuellement
s'étendre aux premiers. Mais comme la jouissance des
droits civils est subordonnée à la résidence en France
et comme cette condition toute de fait, doit d'après sa
nature, être personnellement accomplie par ceux qui
aspirent à cette jouissance, les enfants mineurs et la
femme de l'étranger ne peuvent y prétendre qu'autant
qu'ils ont individuellement satisfait à cet égard aux
exigences de la loi (1). M. Demolombe n'admet pas
même avec cette limitation la proposition que nous venons de mettre en avant. Il pense que si l'étranger
désire l'autorisation d'établir son domicile en France
pour toute sa famille, il lui est loisible de la demander.
Que s'il ne la demande pas pour sa famille il peut avoir
des raison pour ne pas la souhaiter ; il peut craindre
par exemple d'exposer sa femme et ses enfants dans son
pays à quelque déchéance (2).

instrumentaire, § 2, n° 3. — Contra, Grenier, I, 247. — Delvin-
court, sur l'art. 980.
  (1) En ce sens, Aubry et Rau, § 79. — Zachariæ, § 71, texte et
note 11. — Bordeaux, 14 juillei 1845, Sir. 46, 2, 394.
  (2) I, 269.

SECTION II.

Personnes morales.

108. Une personne morale est un être capable de devenir le sujet de droits et d'obligations. Les principales personnes morales sont : l'Etat, les communes, les départements, les évêchés, séminaires et autres établissements ecclésiastiques, les établissements d'utilité publique, tels que les établissements scientifiques, les congrégations religieuses, les sociétés de secours mutuel, les sociétés anonymes commerciales, enfin les sociétés de commerce en nom collectif et en commandite, auxquelles, par une extension de la notion primitive des personnes morales, le droit commercial français reconnaît une personnalité complètement distincte de celle des associés. De telles personnes morales ou d'autres d'un genre analogue peuvent exister à l'étranger, nous avons donc à nous demander quelle est leur condition vis-à-vis du droit français. A cette question il nous semble naturel d'en opposer une autre : Y a-t-il une raison quelconque d'assigner aux personnes morales, au point de vue des droits dont elles sont susceptibles, une condition différente de celle que nous avons assignée aux personnes proprement dites ou physiques? Et ici la négative ne nous semble pas douteuse; si peu douteuse que le législateur ne paraît même pas avoir prévu la possibilité d'une controverse à ce sujet. En effet, jusqu'à la loi de 1857 qui, ainsi que nous le verrons, ne touche à la matière que par un côté accessoire, il n'existe dans la législation française aucune disposition introductive d'un droit spécial applicable aux personnes morales. La doctrine s'est également désintéressée de cette question

jusqu'à nos jours. Il nous est, en effet, impossible d'accepter comme une théorie sérieuse le passage sui-vant, que nous avons relevé dans le seul auteur fran-çais, à peu près, qui ait touché à ce sujet. « Les établis-sements publics, dit Fœlix (1), ou personnes morales, jouissent en pays étrangers du même droit qui leur ap-partient dans le pays où ils ont le siége de leur do-micile. » Cette proposition, ajoute M. Demangeat, l'é-diteur de Fœlix, ne peut être admise qu'avec un tempérament. Quand la loi d'un pays, dit très-bien M. de Savigny (§ 365, system des heutigen romischen Rechts), restreint la capacité d'acquérir des établisse-ments ecclésiastiques (indigènes), les établissements ec-clésiastiques des pays étrangers sont atteints par ces restrictions. Réciproquement, les établissements ecclé-siastiques d'un Etat où existent ces restrictions n'y sont pas soumis dans les Etats où ces lois restrictives n'exis-tent pas. L'observation de M. de Savigny rapportée par M. Demangeat est parfaitement exacte, et ce point de droit international trouve spécialement pour la France un appui dans un avis du Conseil d'Etat du 12 janvier 1854, qui soumet l'acquisition par les établissements d'utilité publique d'immeubles en France à l'autorisa-tion du gouvernement. Il est évident, toutefois, que ce tempérament apporté à la proposition de Fœlix est loin d'être suffisant encore, et que ce que M. de Savigny dit des lois restreignant la capacité d'acquérir, il faut le dire aussi de toutes autres lois réglant la condition ju-ridique des personnes morales, dans les pays où les per-sonnes morales étrangères prétendent faire valoir leurs

(1) *Op. cit.*, n° 31, tome I.

droits. Et alors la singulière théorie de Fœlix se trouve remplacée par cette autre théorie toute différente : Les personnes morales jouissent en pays étranger des mêmes droits que la législation de ce pays accorde aux personnes morales indigènes. Mais, transformée ainsi cette théorie est encore beaucoup trop absolue, puisqu'elle fait tout à fait arbitrairement aux personnes morales étrangères une condition de beaucoup supérieure à celle qui est faite aux personnes étrangères physiques, ainsi que nous l'avons déterminé dans la première partie de notre étude. Nous avons vu, en effet, que la loi française n'assimile les étrangers aux nationaux que dans certains cas et avec certaines réserves.

La théorie inexplicable de Fœlix mise de côté, nous nous trouvons en présence du silence absolu de tous les autres auteurs, silence que nous croyons pouvoir, à bon droit, interpréter dans le sens du système admis par nous tout d'abord, celui d'une assimilation complète des personnes physiques et morales étrangères.

La jurisprudence reste également muette. Nous ne trouvons absolument aucun arrêt pour infirmer la doctrine que nous admettons, et, si nous n'en trouvons aucun non plus pour la confirmer, c'est que cette doctrine, nulle part écrite, mais acceptée tacitement partout, n'a jamais été contestée devant les tribunaux français.

109. C'est seulement à une époque toute récente qu'une doctrine toute nouvelle a été mise en avant. M. Laurent dans ses « Principes de droit civil (1), » refuse aux personnes morales toute existence, par conséquent tout droit, en dehors des limites de l'Etat dans

(1) I, n° 386.

equel elles sont reconnues, à moins qu'une loi ou un raité spécial ne soient intervenus pour leur accorder cette existence exterritoriale.

Cette doctrine absolument nouvelle, ainsi que nous 'avons dit, s'explique par la nationalité de son auteur. S'il est vrai, en effet, que l'existence enterritoriale des personnes morales — pour nous servir de l'expression de M. Laurent — n'a jamais été contestée en France, nous ne pouvons pas en dire autant de la Belgique. C'est aussi la Belgique qui en 1855 a pris l'initiative pour restreindre, sinon pour supprimer l'existence exterritoriale de certaines personnes morales, savoir des sociétés anonymes, initiative que la France a suivie en 1857. Mais, hâtons-nous de le dire, aussi bien la loi belge de 1855 que la loi française de 1857 n'ont trait qu'aux sociétés anonymes, et, en dehors de ces lois, pas plus en Belgique qu'en France, aucune loi ni aucun arrêt ne sont intervenus pour donner raison à une doctrine aussi générale que celle de M. Laurent. Voici maintenant comment M. Laurent justifie cette doctrine. La théorie que nous avons développée sur la condition juridique des personnes étrangères, consiste, en général, à leur attribuer les droits qualifiés de droits naturels, et à respecter *leur statut personnel*. Cette théorie est aussi celle de M. Laurent et, partant de là, voici ce qu'il dit : « Les droits naturels sont donnés à l'homme par celui-là même qui lui donne la vie, par Dieu, et les personnes morales, ne tenant pas leur existence de Dieu, n'ayant pas de vie semblable, c'est chose absurde de demander si elles ont des droits naturels que Dieu leur aurait donnés et qu'ils peuvent exercer partout. Quant au statut personnel il n'en peut être davantage question pour

les personnes morales. Le statut personnel c'est la con
séquence légale de la personnalité humaine, de l'état
d'un homme, or, les personnes morales ne peuvent avoir
d'état. L'état, en effet, c'est l'âge, le sexe, la patrie, et
rien de tout cela ne peut s'appliquer à une personne
morale. Ainsi donc, en dehors des personnes morales
étrangères, dont l'existence en France est formellement
reconnue par une loi, comme cela a lieu pour les sociétés
anonymes en vertu de la loi de 1857, les autres sociétés
morales n'ont en France aucune existence juridique.
Ces personnes doivent leur existence à la loi et uniquement à la loi ; donc par leur institution même elles n'ont
d'existence et ne peuvent avoir des droits que dans les
limites du territoire sur lequel s'étend la souveraineté
dont la loi est l'organe. Bien plus, l'objet de leur constitution n'exige pas, en général, du moins que les personnes morales aient une existence et des droits à l'é-
tranger. Etablies pour un service public, national, leur
existence est limitée par cela même au territoire de la
nation. » Tel est le système de M. Laurent dans son
intégrité. Un autre système tout en adoptant la doctrine
dans son ensemble, cherche à y apporter un tempérament en introduisant une distinction empruntée à M. de
Savigny. Parmi les personnes morales les unes existent
nécessairement, comme l'Etat, les communes, et peuvent, en conséquence, être assimilées aux personnes
physiques; les autres créées arbitrairement par le législateur ne vivent de la vie factice qu'il leur donne que
dans les limites du territoire sur lequel s'étend sa souveraineté. M. Laurent repousse cette distinction. « Le

(1) La Belgique judiciaire, t. IV, p. 1783.

droit des gens positif, dit-il, n'admet les Etats comme membres de la famille humaine que quand ils ont été reconnus par des traités. Il y a donc toujours quelque chose de factice dans l'Etat; il n'est pas nécessaire au même titre que l'individu. A plus forte raison en est-il ainsi des communes; elles peuvent invoquer une tradition séculaire; mais la tradition séculaire ne constitue pas une nécessité. » D'autre part, M. Laurent fait remarquer que la distinction entre les personnes morales nécessaires et non-nécessaires ne resout pas encore toutes les difficultés, car, bien que les auteurs aient réduit les personnes nécessaires à *deux*, il se trouvera et il s'est trouvé déjà des jurisconsultes pour revendiquer ce caractère de nécessité en faveur d'autres personnes, telles par exemple pour les services publics qui dépendent de l'Etat.

Malgré l'autorité de M. de Savigny, nous nous associons volontiers à cette critique de son système. Mais il est facile de voir que M. Laurent ne repousse la distinction, sur laquelle ce système repose, qu'en tant que cette distinction établit des catégories entre les personnes morales. Il l'accepte, au contraire, en tant qu'elle sert à placer, dans deux catégories distinctes, les personnes morales d'une part et les personnes physiques de l'autre. C'est même sur cette distinction, ainsi comprise, que se fonde toute la doctrine de M. Laurent relativement à la condition juridique des personnes morales à l'étranger. Pour M. Laurent, l'unique être nécessaire c'est l'homme, tous les autres êtres ne sont que des êtres d'occasion. Voyons maintenant quelle est la valeur de cette manière de voir. Au point de vue strictement juridique elle ne s'appuie sur aucun texte législ-

latif, sur aucun précédent jurisprudentiel. A peine
M. Laurent peut-il citer les considérants d'un arrêt de la
Cour de cassation intervenu en 1860 (1). Nous disons les
considérants, car l'arrêt lui-même porte sur une société
anonyme ; or, la loi de 1857 ayant fait à cette classe de
personnes morales une condition juridique toute spéciale et motivée par des considérations toutes spéciales
aussi, l'arrêt en question, aux termes duquel les sociétés
anonymes étrangères n'ont d'existence légale, en
France, qu'autant qu'elles ont été autorisées par le gouvernement français, ou que le bénéfice de l'art 1ᵉʳ de la
loi du 30 mai 1857, spéciale aux sociétés belges, lui a
été accordé par décret, cet arrêt, disons-nous, ne peut
avoir aucune portée générale. Les considérants ont, il
est vrai, un caractère de généralité que M. Laurent
exploite. Les voici au reste : « Attendu que la société
anonyme n'est qu'une fiction de la loi, qu'elle n'existe
que par elle et n'a d'autre droit que celui qu'elle lui confère ; que la loi qui dérive de la souveraineté n'a d'empire que dans les limites du territoire sur lequel cette
souveraineté s'exerce.... que vainement on objecterait
que le statut personnel suit l'étranger en France, et qu'à
cet égard aucune distinction n'est à faire entre les lois
qui règlent la capacité des individus et celles qui règlent
l'état et la capacité des êtres moraux, qu'en effet, à la
différence des personnes civiles, les personnes naturelles
existent par elles-mêmes et indépendamment de la loi
et que l'on ne saurait confondre quant à l'autorité qu'elles
peuvent avoir en dehors du pays pour lequel elles ont
été faites, les lois qui créent la personne et lui donnent

(1) Dalloz, 1860, p. 1ʳᵉ, p. 444.

l'existence et celles qui ne font que réglementer ses droits et déterminer les conditions de son existence... »
Quelle que soit la portée de ces considérants, l'arrêt lui-même laisse la question intacte, et, si un arrêt isolé ne pourrait être lui-même qu'un bien faible argument, les considérants d'un tel arrêt sont, en vérité, fort peu de chose. En conséquence, l'opinion de M. Laurent ne peut avoir qu'une valeur doctrinale, philosophique. Eh bien, à ce point de vue là, cette opinion nous paraît absolument insoutenable. Philosophiquement parlant, un homme n'est pas un être plus nécessaire que par exemple une société d'assurances sur vie. Philosophiquement parlant, un homme aussi bien qu'une société sont les produits d'une certaine force, les effets d'une certaine cause qu'on peut qualifier diversement suivant la religion philosophique qu'on adopte, mais qui dans toutes les philosophies est incontestablement la même, aussi bien pour un grain de sable que pour une montagne, aussi bien pour un homme que pour cette collection d'intérêts humains qu'on appelle une société. Deux êtres humains, un homme et une femme se rapprochent, de leur rapprochement naît un troisième être humain. Cet être M. Laurent l'appelle *nécessaire*. Deux êtres humains se rapprochent et donnent le jour à un être moral nouveau, à une société, cet être-là n'est plus nécessaire selon M. Laurent. Pourquoi? L'homme, dit M. Laurent, tient son existence de Dieu, les personnes morales ne la tiennent que de l'homme. Comment? Si nous appelons *Dieu* la cause primordiale à laquelle il nous faut recourir pour expliquer les effets qui nous entourent, c'est de Dieu que, médiatement ou immédiatement doit découler toute existence, aussi bien celle d'un être physique, que celle d'un être moral. Et même nous ne voyons pas

que cette filiation divine soit plus directe pour le premier, que pour le second de ces êtres.

Voilà pour le fond du système de M. Laurent ; quant aux considérations accessoires qu'il ajoute pour le faire valoir, elles ne nous paraissent pas avoir plus de poids. « L'objet de la constitution des personnes morales, dit-il, n'exige pas, en général, que ces personnes aient une existence et des droits à l'étranger. » — En écrivant ces mots, M. Laurent n'a eu évidemment devant les yeux que les personnes morales, telles que les congrégations religieuses ou les hospices, et il ne s'est pas aperçu qu'en donnant à sa pensée restreinte cette forme générale, il commettait une énormité économique. Parmi les personnes morales les plus dignes d'intérêt, ce sont incontestablement les sociétés commerciales, et, parmi ces sociétés, combien y en a-t-il qui restreignent leurs opérations dans les limites de l'Etat où elles sont constituées ?

M. Laurent fait encore observer qu'il ne peut être question de statut personnel pour les personnes morales. — Cette considération, à supposer qu'elle fût exacte, ne serait pas suffisante à coup sûr pour refuser aux personnes morales la faculté de faire valoir, à l'étranger, d'autres droits que ceux qui rentrent dans le statut personnel. Mais il nous semble que certains droits, même faisant partie de ce statut, pourraient utilement être invoqués par les personnes morales. Les questions de capacité, par exemple, rentrent incontestablement dans le statut personnel, et ces questions peuvent, incontestablement aussi, se présenter pour les personnes morales. Un être physique se trouvera avoir été capable de conclure tel acte s'il a atteint l'âge de 21 ans lors de la perpétration dudit acte. Dans le même cas, une personne morale se trouvera avoir été capable si elle a été dûment constituée. Voilà toute la différence.

110. Nous maintenons donc, relativement aux personnes morales, la théorie que nous avons commencé par mettre en avant. Nous avons toutefois trois restrictions à y apporter.

La première nous est dictée par un arrêt de la Cour de cassation du 22 janvier 1849 (1), arrêt précédé d'un si grand nombre de décisions conformes, émanées de cours inférieures (2), qu'il s'impose pour ainsi dire à notre opinion. Aux termes de cet arrêt, un gouvernement étranger ne peut être soumis à la juridiction française, à raison des engagements par lui contractés envers des Français. Voici les considérations qui ont inspiré cette jurisprudence : Si l'Etat étranger pouvait être poursuivi, cette doctrine, destinée en apparence à assurer aux nationaux la protection des tribunaux de leur pays, lorsqu'ils se trouveraient créanciers des gouvernements étrangers, aurait en définitive pour résulat d'empêcher toute transaction entre les gouvernements et les citoyens des autres nations. En effet, un gouvernement ne se résoudrait pas facilement à voir les deniers dépendant des finances de l'Etat exposés à des contestations plus ou moins fondées. Et puis, le gouvernement duquel relèverait le créancier poursuivant, saisissant peut-être les deniers de l'Etat étranger, ne serait-il pas facilement soupçonné de prêter les mains à d'injustes demandes? Et puis, les créances contractées d'Etat à particulier, ne sont pas toujours susceptibles d'être réglées comme des créances de particulier à particulier. La comptablité des deniers pu-

(1) Dalloz, 1849, partie 1ʳᵒ, 5,
(2) Voy .Ibid.

blics est soumise, en tous pays, à des règlements spéciaux, et il n'est pas admissible qu'une autre législation
que celle du pays puisse y être appliquée. Le particulier
qui traite avec un gouvernement étranger, accepte
tacitement la juridiction étrangère comme une nécessité de ce contrat. On ne saurait enfin soumettre une
nation à la juridiction d'une autre nation sans blesser
le principe de l'indépendance réciproque des États. —
La plupart des publicistes partagent cette doctrine qui
semble être bien fixée dans la jurisprudence. Nous
avons pour notre compte beaucoup de répugnance à
l'admettre. Il nous semble qu'il y a moins d'inconvénients, au point de vue du développement des rapports
internationaux, à maintenir vis-à-vis des gouvernements étrangers la loi commune, qu'à établir à leur
profit une exception assurément fort rassurante pour
eux, mais fort peu rassurante en revanche pour les
autres contractants. Nous croyons également que l'idée
de faire, à l'Etat étranger ou non, dans le domaine des
relations contractuelles, une place à part, est une idée
que repoussent les principes économiques modernes.
En dernier lieu, le droit des gens moderne nous paraît
incliner de plus en plus à placer les tribunaux dans
une région élevée d'impartialité et d'indépendance politique, où les intérêts de tous les pays peuvent exercer
leur conflit pacifique sans que l'égale répartition de la
justice puisse être suspectée, sans que la souveraineté
d'un Etat puisse recevoir aucune atteinte.

Au reste, parmi les jurisconsultes même qui suivent
l'opinion que nous combattons, quelques-uns, notamment Fœlix (1), lui font souffrir une exception relativement aux immeubles possédés par l'Etat étranger.

(1) *Op. cit.*, 216.

Cette manière de voir se trouve reproduite dans les considérants d'un jugement du tribunal de la Seine du 16 avril 1847.

111. La seconde restriction que nous avons annoncée à notre théorie, sur la condition juridique des personnes morales, est relative à l'émission des emprunts des gouvernements étrangers. Ces emprunts ne peuvent être contractés directement en France, annoncés et publiés qu'avec l'autorisation du ministre des finances. Nous ne pouvons cette fois qu'applaudir à cette mesure, et il est facile de deviner les considérations économiques qui l'ont dictée,

112. La troisième restriction enfin, est relative aux Sociétés de commerce et elle nécessite des développements beaucoup plus considérables. En effet, d'une part, l'art. 37 du Code de commerce et la loi de 1857, ont fait à une certaine classe de sociétés de commerce étrangères, savoir : aux sociétés anonymes, une condition à part, qu'il est nécessaire de préciser; d'autre part des dispositions législatives spéciales ont réglé la condition légale des sociétés étrangères en France, au point de vue de l'émission de leurs titres en France, de la négociation de ces titres dans les bourses françaises et des impôts auxquels ils sont soumis. Enfin, l'application aux sociétés de commerce de notre théorie générale, sur la condition juridique des personnes physiques ou morales étrangères, soulève des difficultés dont à raison de l'importance capitale de cette classe de personnes morales, il nous paraît indispensable de passer en revue les principales. Nous allons en conséquence, consacrer trois chapitres distincts, à l'examen de la condition juridique des sociétés étrangères aux trois points de vue que nous venons d'indiquer.

CHAPITRE PREMIER

113. L'art. 37 du Code de commerce, établissant une distinction entre les sociétés en nom collectif et en commandite d'une part et les sociétés anonymes de l'autre, soumettait ces dernières sociétés à l'autorisation préalable du gouvernement. On connaît les considérations qui ont inspiré le législateur. Les sociétés en nom collectif et en commandite, offrent par la responsabilité de tous les associés ou de certains du moins, (les commandités)des garanties que ne présentent pas les sociétés anonymes. En conséquence, donc de l'art. 37, si la doctrine et la jurisprudence n'ont jamais fait de difficulté pour reconnaître aux sociétés étrangères en nom collectif et en commandite l'exercice en France de leurs droits dans les limites fixées par la législation générale sur les étrangers, il n'en a pas été de même pour les sociétés anonymes. A leur égard, l'administration et la jurisprudence se sont, dès l'abord, séparés en deux camps opposés. La première refusa dans toutes les occasions où elle eut à se prononcer, de reconnaître en France l'existence des sociétés anonymes étrangères, qui n'auraient pas reçu du gouvernement français une autorisation spéciale, tout comme les sociétés anonymes françaises. La seconde au contraire, paraît toujours avoir admis

qu'elles conservaient en France leur existence et leur personnalfté, en leur permettant de plaider par l'intermédiaire de leurs administrateurs. Malgré cette variété de doctrine, jusqu'en 1857, aucune difficulté ne s'est présentée devant les tribunaux français, relativement à l'existence légale des sociétés anonymes étrangères. Les défendeurs français ne paraissent pas avoir contesté le droit des sociétés étrangères d'agir en justice, et d'un autre côté, les tribunaux ne se sont jamais déclarés incompétents. Il n'en a pas été de même en Belgique, bien que ce pays soit régi par le Code de commerce français. Après plusieurs décisions rendues en sens divers par des tribunaux inférieurs, la Cour de cassation belge, dans un arrêt rendu en 1847, toutes chambres réunies (1), refusa définitivement aux sociétés anonymes françaises non pourvues d'autorisation en Belgique, le droit d'agir devant les tribunaux belges, parce qu'elles *n'y avaient pas d'existence légale.* Cette jurisprudence émut vivement l'opinion publique aussi bien en Belgique qu'en France. En France la crainte des conséquences qu'elle pouvait avoir pour le commerce, en Belgique la crainte des représailles, provoquèrent de pressantes réclamations. Il y fut fait droit par une convention internationale annexée au traité de commerce du 27 février 1854. En exécution de cette convention, fut promulguée en Belgique la loi du 14 mars 1855, qui contient, relativement aux sociétés anonymes françaises les dispositions suivantes : Art. 1ᵉʳ « Les sociétés anonymes et autres associations commerciales, industrielles, ou financières, qui sont soumises à l'autorisation du gouvernement français *et qui l'ont obtenue,* pourront exercer leurs droits et ester en justice en Belgique en se conformant aux lois du

(1) Voy. Dalloz, 1847, II, 172.

royaume, toutes les fois que les sociétés ou associations légalement établies en Belgique jouiront des mêmes droits en France. » Le principe de réciprocité, mis en avant par cet article, provoquait une loi française correspondante. Elle fut promulguée le 30 mai 1857. En voici le texte : Art. 1er : « Les sociétés anonymes et les autres associations commerciales, industrielles ou financières qui sont soumises à l'autorisation du gouvernement belge et qui l'ont obtenue, peuvent exercer tous leurs droits et ester en justice en France, en se conformant aux lois de l'empire. Art. 2. Un décret impérial, rendu en conseil d'Etat peut appliquer à tous les autres pays, le bénéfice de l'article premier. — La différence établie par cette loi, entre la Belgique et les autres pays étrangers, découle de ce que, en Belgique, le Code de commerce français est en vigueur. Voici maintenant deux corollaires nécessaires à l'interprétation de cette loi : 1° Les sociétés étrangères qu'un décret a rendu capables d'exercer leurs droits et d'agir en France aux termes de l'art. 2, ci-dessus, n'ont pas été les seules auxquelles cette capacité ait été garantie depuis la loi de 1857. L'art. 6 de la constitution du 14 janvier 1852 donnait à l'empereur le droit de faire des traités avec des nations étrangères, et il a été effectivement conclu un traité relatif aux sociétés de commerce avec l'Angleterre, le 30 avril 1862. Un décret parut insuffisant dans l'espèce, il existe en effet de l'autre côté du détroit, un grand nombre de sociétés appelées joint-stock companies limited, dans lesquelles les associés ne sont tenus des dettes sociales que jusqu'à concurrence de leurs apports, ce qui les rapproche des sociétés anonymes, et qui cependant ne sont pas soumises à l'autorisation du gouvernement. En conséquence, la loi de 1857, qui ne parle que des sociétés anonymes et des autres sociétés soumises à l'autorisation du gouvernement, ne donnait pas textuellement au gouvernement français, le droit d'habiliter par décret ces sociétés à agir en France. 2° Les décrets rendus en vertu de la loi de 1857 peuvent être *généraux* en ce sens qu'ils s'appliquent à toutes les sociétés d'un pays étranger, ou *spéciaux* en ce sens qu'ils habilitent à exercer leurs droits en France certaines sociétés d'un pays, à l'exclusion des autres. La loi de 1857 a donc donné naissance à quatre classes de sociétés anonymes étrangères, savoir : 1° celles qui ont reçu le droit d'agir en France, par un décret général ; 2° celles qui ont reçu ce droit par un décret spécial ; 3° celles qui l'ont reçu par traité ; 4° celles qui ne l'ont reçu en aucune façon. Cette dernière classe est bien peu nombreuse aujourd'hui, car des décrets, *tous généraux*, ont étendu le bénéfice de la loi de 1857 à la plupart des pays de l'Europe (1).

Nous n'avons rien à dire de la deuxième et de la troisième classe ; la condition des sociétés qu'elles comprennent est évidemment susceptible de varier selon les termes du traité ou la rédaction des statuts qui sont soumis à l'approbation par décret. Les deux autres réclament au contraire un examen particulier.

114. Prenons d'abord les sociétés autorisées par un décret général. Trois questions se présentent à leur

(1) Belgique, loi du 30 mai 1857 ; — Turquie et Egypte, décrets des 7-18 mai 1859 ; — Sardaigne, décret du 8 sept. 1860 ; — Portugal et grand-duché du Luxembourg, 27 février 1861 ; — Suisse, 11 mai 1861 ; — Espagne, 5 août 1861 ; — Grèce, 9 nov. 1861 ; — Etats romains, 5 fév. 1862 ; — Pays-Bas, 22 juillet 1863 ; — Russie, 25 fév. 1865 ; — Saxe, 23 mai 1868 ; — Autriche, 20 juin 1868 ; — Suède et Norwège, 14 juin 1872.

sujet : *a*). Quelles sont les sociétés étrangères soumises à cette autorisation ; *b*) à quelles conditions peuvent-elles l'obtenir ; *c*). Quelle est la portée de cette autorisation ?

a). Pour répondre à la première question, nous devons d'abord nous demander si, dans l'état actuel de la législation, la nécessité d'une autorisation existe encore pour une société étrangère quelconque. En effet, depuis 1857, une loi, celle de 1867 a affranchi les sociétés anonymes françaises, de la nécessité d'une autorisation préalable à laquelle l'assujétissait l'art. 37 du Code de commerce. La loi de 1857, n'étant qu'une application aux sociétés étrangères du système établi par l'art. 37 du Code de commerce, pour les sociétés françaises, on peut dire que la loi de 1867, qui renverse ce système, le renverse aussi bien à l'égard des unes qu'à l'égard des autres sociétés. Mais nous ferons observer que l'autorisation préalable a été remplacée pour les sociétés anonymes françaises, par une foule de conditions restrictives imposées à ces sociétés. Ces conditions ne peuvent en général être imposées aux sociétés étrangères. Ces sociétés jouiraient donc en France, à la différence des sociétés anonymes francaises, d'une liberté absolue sans garantie pour les tiers.

Disons maintenant que : 1° les Sociétés anonymes étrangères sont en principes les seules qui soient soumises à la nécessité d'une autorisation. Les autres sociétés étrangères en nom collectif ou en commandite jouissent de plein droit de toutes les prérogatives que la législation française accorde aux personnes étrangères. Toutefois, la loi assimile aux sociétés anonymes, celles, même d'une autre nature, qui, d'après la législation du pays où elles sont constituées, sont assujetties

à l'autorisation préalable. Voici comment le rapporteur
de la loi de 1857 essaye d'expliquer les raisons de cette
assimilation : « Elle (la loi) s'applique aux sociétés anonymes auxquelles, par un motif de prudence facile à
justifier, on a joint les autres associations qui, sans
être anonymes, sont néanmoins soumises à l'autorisation préalable, comme intéressant l'ordre, la morale et
la sécurité publiques. » La prudence du législateur de
1857 s'est cependant trouvée encore en défaut. S'inspi-
rant uniquement de l'état des législations étrangères à
cette époque, il n'a pas prévu le mouvement par lequel
ces législations, laissant loin derrière elles la législation
française, devaient, dans un avenir prochain, entrer
rapidement dans la voie libérale de l'affranchissement
des sociétés de commerce de tout contrôle gouverne-
mental. Cette imprévoyance a pour effet de créer à
l'heure qu'il est une inégalité choquante entre les sociétés françaises et les sociétés constituées sous un régime de liberté inconnu à la France. Tel est le résultat
auquel est toujours susceptible d'aboutir une législation qui, — comme le dit très-bien M. Lyon-Caen (1), auteur d'une étude très-complète sur la condition juridique des sociétés étrangères, — au lieu de partir d'un
point de vue personnel, se soumet aux idées du législateur étranger ; 2° Le décret général d'autorisation ne
s'applique jamais qu'aux sociétés étrangères qui ont été
dûment autorisées par le gouvernement de leur pays
(art. 1er et 2 de la loi du 30 mai 1857). Car, si le législateur de 1857 s'est contenté d'une autorisation générale s'appliquant à toutes les sociétés d'un pays
sans exception, c'est qu'il a cru trouver, dans l'auto-

____

(1) p. 49.

risation spéciale que chacune des sociétés a dû obtenir
du gouvernement étranger, des garanties suffisantes
pour les intérêts français.

b. Passons à la deuxième question que nous avons
prévue. A quelles conditions les sociétés anonymes
étrangères obtiennent-elles l'autorisation qui leur est
nécessaire ? Il suffit que ces sociétés aient été dûment
autorisées par le gouvernement de leur pays, il n'est
pas nécessaire que le gouvernement étranger accorde,
de son côté, aux sociétés françaises le droit d'agir dans
son pays. On avait objecté contre ce système que le
principe de réciprocité dominait toute la législation sur
les étrangers, mais ce principe est loin d'être absolu.
Le législateur y a dérogé dans tous les cas où un intérêt soit politique, soit commercial se présentait pour
le faire abandonner. C'est ainsi que les étrangers ont
été investis sans aucune condition de réciprocité du
droit d'obtenir des concessions de mines (art. 13, loi
du 21 avril 1810) des brevets d'inventions (art. 27, loi
du 15 juillet 1844). Or, il est possible que les sociétés
d'un pays étranger exercent un commerce de nature à
procurer à la France des produits qui lui sont nécessaires, sans que cependant le gouvernement étranger se
croie en mesure d'autoriser les sociétés françaises à
opérer sur son territoire.

c. Enfin, quel est l'effet de l'autorisation accordée aux
sociétés anonymes étrangères ? Cet effet est parfaitement
déterminé dans le rapport au Corps législatif sur la loi
de 1857. Les sociétés anonymes étrangères autorisées
peuvent, aux termes de la loi, « exercer en France tous
leurs droits et ester en justice ». Ces expressions, dit le
le rapporteur, doivent s'entendre de tous les droits
qu'exercent les sociétés non anonymes et les individus

non sujets à autorisation. » Nous voilà ramenés à l'assimilation des personnes morales étrangères aux personnes physiques, c'est-à-dire à notre propre théorie en cette matière.

115. Nous devons maintenant examiner la condition légale en France des sociétés étrangères anonymes non autorisées ni par décret, ni par traité à y exercer leurs droits. La question qui se pose à l'égard de ces sociétés n'a pas été d'ailleurs créée par la loi de 1857. C'est, au fond, le même débat que celui que nous avons vu, avant 1857, diviser la jurisprudence et l'administration. Seulement le débat avait alors pour objet la généralité des sociétés anonymes étrangères. Il est clair, en effet, qu'il y a une grande analogie entre la situation des sociétés anonymes étrangères non autorisées depuis la loi de 1857 et la situation de toutes les sociétés anonymes étrangères avant cette loi. Mais il faut reconnaître que si la question pouvait être douteuse avant la loi de 1857, elle ne paraît point l'être aujourd'hui. Ou en effet, la loi de 1857 n'a aucun sens, ou, en soumettant le droit d'agir en France des sociétés anonymes étrangères à la formalité de l'autorisation, elle enlève ce droit d'action à celles de ces sociétés qui n'auront pas satisfait à la formalité requise. Aussi la jurisprudence qui, comme nous le savons, admettait avant 1857 les sociétés anonymes étrangères à agir en France, consacre aujourd'hui à l'égard des sociétés anonymes étrangères non autorisées une solution différente, (Cass. civ. arrêt de Rejet, Req., 1er août 1860, (1). L'ancienne doctrine de la jurisprudence a cependant, aujourd'hui encore, des partisans. Invoquant les arguments dont

(1) Sir. 1860, partie 1re, p. 865.

les défenseurs des sociétés anonymes se servaient
avant 1857, ils se fondent sur le principe qui fait suivre
les nationaux par leurs lois personnelles, même en dehors du pays, principe qui doit s'appliquer aux personnes morales comme aux personnes physiques (1).
Nous avons, nous-même, admis ce principe. Mais il ne
peut pas a voir à l'égard des personnes morales une
étendue qu'il n'a certainement pas à l'égard des personnes ordinaires. Or, ainsi que nous l'avons reconnu
ailleurs, le statut personnel des personnes physiques
étrangères cesse d'être applicable en France dès l'in-
stant qu'il se trouve en conflit avec une loi d'ordre
public française. Il est évident maintenant que si l'ordre public français reclame certaines mesures de pré-
voyance à l'égard des sociétés anonymes indigènes,
ce serait violer cet ordre public que de permettre en
France le fonctionnement sans entraves des sociétés
anonymes étrangères.

Les sociétés anonymes étrangères non autorisées par
décret ou par traité n'ont donc pas en France d'existence légale. Est-ce à dire que ces sociétés doivent y
être considérées comme complètement inexistantes ? Il
faudrait en conclure qu'elles ne pourraient pas plus être
autorisées à plaider devant les tribunaux français comme
défenderesses qu'elles ne pourraient y agir elles-mêmes
comme demanderesses. Mais alors une société étrangère obligée envers des Français, fut-ce même par des
délits ou des quasi-délits, échapperait à l'exécution de
ses obligations ? Aucun texte n'a prévu cette difficulté
et nous n'avons également connaissance d'aucune décision juridique qui l'ait tranchée. Mais il existe une
jurisprudence bien établie à l'égard d'une espèce tout

(1) Alauzet, Commentaire sur le Code de com., I, 631 et 636

à fait semblable. Il est, en effet, un assez grand nombre de circonstances dans lesquelles des sociétés françaises se trouvent dans une situation ayant la plus grande analogie avec celle des sociétés étrangères dont nous nous occupons. Tels sont notamment les cas dans lesquels des sociétés anonymes françaises (avant 1867) ou des communautés religieuses auraient été établies et auraient fonctionné sans être autorisées par le gouvernement. Il est évident que ces sociétés ou communautés étant frappées de nullité ne peuvent être traitées comme ayant une existence légale. Mais en définitive, elles ont été établies et elles ont fonctionné, il y a là des faits dont on ne saurait faire abstraction. Aussi reconnaît-on que, dans tous les cas, ces sociétés qui ne constituent pas certainement des sociétés *de droit*, doivent être considérées et traitées comme des sociétés *de fait*. Eh bien, cette qualité de sociétés *de fait*, il n'y a aucune raison de ne pas la reconnaître aux sociétés anonymes étrangères non autorisées à agir en France.

Il s'agit maintenant de préciser la condition juridique de ces sociétés *de fait*. Ce qui nous a amené à reconnaître à ces sociétés une certaine existence factice, c'est l'impossibilité de refuser aux créanciers français la faculté de poursuivre en justice les sociétés étrangères non autorisées. Nous accorderons en conséquence aux sociétés de fait le droit d'agir en justice, mais nous ne leur accorderons que cela. Et encore ce droit d'agir l'obtiendront-elles d'une façon absolue? Non certes. La Cour de csssation (1) a consacré à cet égard un système auquel nous souscrivons volontiers. L'étendue d'une concession doit se mesurer à l'étendue du besoin, qui l'a provoqué. Or, pour satisfaire à ce besoin il suffit de

(1) Arrêt du 19 déc. 1863, Sir., 63 2, 218.

reconnaître aux créanciers français le droit d'actionner les sociétés étrangères non autorisées pour l'exécution des obligations qu'elles ont contractées envers eux. Permettre à ces sociétés de jouer elles-mêmes le rôle de demanderesses se serait, supprimant toute différence entre elles et les sociétés dûment autorisées, ôter toute sanction à la loi de 1857. L'application de ce système a été cependant contestée avec une apparence de raison dans un cas particulier. La France a conclu avec différentes nations étrangères (1) des traités en vertu desquels leurs nationaux sont admis à ester en justice en France, aux mêmes conditions que les Français. Les sociétés de ces pays ne sont-elles pas par là même autorisées à plaider devant les tribunaux français, même comme demanderesses dans tous les cas et même en l'absence de toute autorisation? La question a été tranchée contre ces sociétés par un arrêt de la Cour de cassation intervenu en 1860 (2). Cette jurisprudence, contraire en apparence à notre principe d'*assimilation*, nous paraît justifiée par le caractère exceptionnel des sociétés anonymes, qui a dicté à leur égard au législateur français des mesures également exceptionnelles. Comme nous l'avons dit déjà plus haut, il est impossible d'accorder aux sociétés anonymes étrangères en France plus de liberté que n'en ont les sociétés anonymes françaises.

M. Lyon-Caen, dont nous nous inspirons souvent dans cette partie de notre travail, prévoit encore deux autres difficultés (3) :

(1) Notamment avec la Suisse, 4 vendém. an XIII et 18 juillet 1828.

(2) Sr., 60, 1, 865.

(3) p. 125.

a. Doit-on considérer les sociétés de fait comme des êtres moraux et les actionner en conséquence dans la personne de leur administrateur? — *b*. Doit-on tenir compte de la forme adoptée par les statuts sociaux pour limiter au montant de leurs apports les obligations des actionnaires envers les tiers, ou ne faut-il pas, à raison même de l'inexistence légale de la société anonyme, déclarer que tous les actionnaires sont obligés formellement et solidairement, comme le sont en France, et en général dans tous les pays, les associés en nom collectif? Pour résoudre ces difficultés, M. Lyon-Caen s'inspire de deux considérations qui nous paraissent tout à fait justes. D'une part, le Français qui actionne une société étrangère non autorisée en France s'appuie sur l'acte de société pour en constater l'*existence de fait*; ce Français serait donc mal venu à faire abstraction de ce même acte de société, pour empêcher de se produire certains effets résultant de la nature même de la société que cet acte eu pour but de constituer. D'autre part, la société étrangère ne saurait arguer de la négligence qu'elle a commise pour soutenir contre le Français demandeur que, comme elle n'a pas d'existence légale en France, il y a lieu de faire abstraction de ses statuts. D'une part donc, le demandeur français actionnera régulièrement la société dans la personne de son administration, d'autre part, il ne pourra agir contre les associés que dans la limite de leurs apports.

Telles sont donc les limites dans lesquelles se trouve circonscrite l'existence de fait que nous avons reconnue aux sociétés anonymes étrangères non autorisées. Au delà de ces limites ces sociétés n'existent pas légalement en France. M. Lyon-Caen, toutefois, est d'avis que cette négation d'existence a une valeur plutôt théorique que pratique. L'État, dit-il, ne dispose d'aucun moyen direct pour mettre obstacle aux opérations de ces sociétés, et, d'un autre côté, si rien n'empêche les Français de demander la nullité des contrats passés avec ces sociétés, c'est là une faculté dont ils auraient garde de se servir, car elle tournerait certainement à leur propre préjudice. Nous ne partageons pas cette manière de voir. Il existe évidemment un certain cercle d'opérations sociales dont le caractère privé, clandestin, échappe au contrôle de la loi; mais ce cercle est assez restreint. Vis-à-vis de la plupart des opérations au contraire, telles que les acquisitions d'immeubles, l'établissement des comptoirs publics, etc., la loi retrouve son pouvoir. M. Lyon-Caen cite lui-même un cas où se servant de ce pouvoir, le ministre de l'intérieur fit, en 1821, défense à une société anglaise (le Phénix) d'apposer en France des plaques portant son nom.

CHAPITRE II

EXAMEN DES DISPOSITIONS LÉGISLATIVES SPÉCIALES RELATIVES A L'ÉMISSION EN FRANCE DES TITRES DES SOCIÉTÉS ÉTRANGÈRES A LA NÉGOCIATION DE CES TITRES DANS LES BOURSES FRANÇAISES ET AUX IMPÔTS AUXQUELS ILS SONT SOUMIS.

115. A. *Emission des titres.* — La législation française ne contient sur ce chef qu'une seule disposition. Conformément à une autre disposition relative aux emprunts des gouvernements étrangers que nous con-

naissons déjà, l'article 6 d'un décret du 22 mai 1858 prohibe l'émission, en France, des titres de sociétés étrangères, tant que le ministre des finances ne l'a pas autorisée, et cette autorisation ne peut être donnée qu'autant que l'émission en question ne contrarie pas l'ordre public français. M. Lyon-Caen fait de cette disposition du décret de 1858 l'application suivante : La loi française fixe le minimum du montant des actions dans les sociétés en commandite par actions ou anonymes (Art. 1ᵉʳ, loi du 24 juillet 1867). En conséquence, l'émission, en France, par une société étrangère d'actions dont le taux serait inférieur à ce minimum, devrait être prohibée. En effet, le but de la loi de 1867 a été surtout de protéger les épargnes des classes pauvres contre les piéges que tendaient à leur crédulité des actions au taux de 5 et même de 1 franc, accompagnées de promesses extraordinaires. Nous partageons entièrement le sentiment de l'honorable professeur ; nous devons dire cependant qu'il n'est nullement suivi en pratique.

B. *Négociation des titres.* — La négociation des valeurs étrangères, en France, n'a été autorisée qu'à une époque récente. Un arrêt du conseil de 1785, défendait formellement aux agents de change de coter à la Bourse de Paris d'autres effets que les effets royaux et le cours des changes.

Mais déjà, sous le premier Empire et sous la Restauration, des arrêtés spéciaux du ministre des finances autorisèrent la négociation, en France, de certains effets publics étrangers (rentes de Naples, emprunt de Prusse, de Bade, etc.). Enfin, une ordonnance du 12 no-

vembre 1823 permit de coter à la Bourse de Paris tous
les emprunts étrangers. Les valeurs des sociétés étrangères n'obtinrent pas alors la même faveur, et jusqu'en 1854 leur négociation n'eut lieu que par des personnes sans caractère public. A cette dernière époque,
ces valeurs furent en fait, et par tolérance, cotées à la
Bourse, jusqu'à ce que la loi du budget de 1857 (23 juin)
ait autorisé implicitement cette négociation en la soumettant au même droit que celle des valeurs françaises.
Enfin, un décret du 22 mai 1858, rendu en exécution
de cette loi, autorise expressément la négociation dans
les Bourses françaises des actions émises par les Compagnies de chemins de fer étrangers.

Malgré les termes restreints de ce décret, on s'accorde
à en appliquer les dispositions aux titres émis, non-
seulement par les Compagnies de chemins de fer, mais
par les sociétés étrangères de toute espèce. Il est probable, en effet, que le décret n'a parlé de Compagnies
de chemin de fer, que parce que c'est là une catégorie
de sociétés à la fois la plus nombreuse et la plus importante. Le décret soumet les titres, dont il autorise
ainsi la négociation, à toutes les lois et à tous les règlements applicables à la négociation des valeurs françaises. Cependant, ainsi que nous l'avons annoncé, la négociation de ces titres est soumise, en outre, à des conditions spéciales que voici :

a.) *Quant aux actions.* — Il faut : 1º que les sociétés
dont émanent ces actions aient été dûment autorisées
ou constituées conformément à la législation de leur
pays; 2º que ces actions y soient cotées officiellement;
3º que leur taux ne soit pas inférieur à 500 francs; au
contraire, la loi du 24 juillet 1867 autorise l'émission

d'actions françaises inférieures à 500 francs (200 fr.) ; 4° que les 2/5, au moins, du montant des actions aient été versés ; tandis que les actions des sociétés françaises sont aujourd'hui négociables après un versement du quart (art. 2, loi du 24 juillet 1867) ; 5° pour justifier de l'accomplissement de cette dernière obligation, les sociétés étrangères doivent présenter au ministre des finances et à la chambre syndicale des agents de change diverses pièces mentionnées dans l'article 2 du décret.

b.) *Quant aux obligations.* — Il faut : 1° que le capital social ou la partie du capital social, représentée par les actions, ait été intégralement versé ; 2° que la négociation ait été autorisée par les ministres des finances et du commerce.

Toutes ces mesures ont pour but de donner une plus grande sécurité aux capitalistes français.

c.) *Impôts.* — Les sociétés étrangères ne pouvant être favorisées au détriment des sociétés françaises, la loi a soumis leurs titres aux mêmes impôts que ceux des sociétés françaises, sauf quelques restrictions. Nous ne croyons pas devoir entrer dans les détails de cette matière. Elle est régie par la loi du 13 brumaire an VII, la loi des finances du 18 mai 1850, le décret du 14 mars 1851, la loi des finances du 23 mai 1857 (art. 9), le décret du 17 juillet 1857 (art. 10), le décret du 11 janvier 1862, enfin les décrets du 11 janvier et 28 mars 1868.

Nous nous bornerons à relever un point qui nous paraît particulièrement intéressant. Avant la loi du 18 mai 1850, les actions et obligations des sociétés étrangères, quand elles étaient comprises dans une succession ou dans une donation, échappaient à tout droit de mutation. Cette exemption d'impôts se déduisait des principes de la législation française. Il est, en effet, de règle que le droit de mutation français, n'atteint que les biens situés sur le territoire français. Aux termes de la loi de 1850 (art. 7), il y a lieu à la perception d'un droit de mutation, du moment que la succession dans laquelle se trouvent les titres étrangers est régie par la loi française. Nous savons, toutefois, que les successions mobilières sont régies par la loi du lieu où le défunt avait son dernier domicile; si donc le défunt était un étranger non domicilié en France, l'impôt de mutation ne pourrait être perçu sur les valeurs dépendant de sa succession. Il en serait autrement, bien entendu, si l'étranger avait été autorisé par décret en vertu de l'article 13 du C. Nap., à établir son domicile en France. En dehors de ce dernier cas, l'application du droit de mutation dépendrait de la solution d'une question que nous avons discutée ailleurs, à savoir s'il est possible pour un étranger d'acquérir un véritable domicile en France en dehors de l'article 13. La loi de 1850, ne s'appliquant qu'aux successions, les actions ou obligations étrangères comprises dans une [donation entre-vifs ne donnent lieu au droit de mutation qu'autant que le donataire est français.

En somme, il y a, au point de vue du droit du timbre et du droit de mutation entre-vifs, assimilation presque complète entre les sociétés étrangères et les sociétés françaises.

116. Ces dispositions fiscales concernent exclusivement les valeurs des *sociétés* étrangères. Des règles différentes s'appliquent aux titres *d'emprunts* étrangers. Ces titres ne sont pas soumis au droit de transmission entre-

vifs; ils ne sont frappés que d'un droit de timbre, et
encore seulement depuis la loi du 13 mai 1803.

CHAPITRE III

117. Nous voulons, sous cette rubrique, passer en
revue les difficultés que soulève l'application aux sociétés étrangères, en général, de notre théorie sur la condition juridique des personnes morales étrangères.

Voici d'abord une difficulté relative au droit des sociétés étrangères de plaider en France. Les articles 14
et 15 du Code Nap., ainsi que l'obligation de fournir la
caution *judicatum solvi*, s'appliquent certainement aux
sociétés étrangères (1). Toutefois, de même que les
Français peuvent renoncer au bénéfice de l'article 14 du
Code Nap., au profit d'un individu étranger, rien ne les
empêche non plus de renoncer au droit de citer une société étrangère devant les tribunaux de France. Quand
cette renonciation est expresse, aucune difficulté ne peut
s'élever; mais il peut être délicat de décider si les tiers
qui ont un procès avec une société étrangère, ont ou
non renoncé tacitement au bénéfice de l'article 14 du
Code Nap. Deux cas peuvent se présenter : 1° la législ-
lation étrangère décide, comme le fait le Code de proc.
franç., qu'en matière de société les procès doivent être
portés devant le tribunal du lieu où la société a son
siége; 2° ou bien, qu'il y ait ou non une disposition de

(1) Cass., 26 juillet 1853, sir. 53, I, 688.

cette nature dans la législation étrangère, les statuts
sociaux attribuent compétence au tribunal étranger à
l'exclusion des tribunaux des autres pays, pour toutes
les contestations qui intéressent la société. Cette dernière hypothèse étant la plus simple, nous nous en occuperons d'abord. Selon M. Lyon-Caen (1), dont nous
partageons le sentiment à cet égard, la clause sociale
dérogatoire aux règles ordinaires de la compétence serait opposable aux *actionnaires* français , car il est de
principe que la souscription d'une action implique de
la part du souscripteur une adhésion aux statuts (2).
Elle n'enchaînerait pas, au contraire, les porteurs
d'obligation, ni les autres créanciers de la société. Ce
sont des tiers qui ne peuvent être considérés comme
ayant coopéré, ni adhéré aux statuts.

Elle ne leur serait opposable que si elle avait été publiée
lors de la constitution de la société, conformément aux règles du pays de la société étrangère, ou si la société en
avait donné connaissance à ces personnes, soit par une
déclaration expresse, en contractant avec elles, soit par
une mention inscrite sur les titres d'obligation.

La clause qui attribue compétence aux tribunaux
étrangers déroge, au moins à l'égard des actionnaires,
au principe général de l'article 14 du Code Nap. Elle
doit, par suite, être appliquée restrictivement. On ne
peut l'appliquer qu'aux *contestations sociales*, c'est-à-dire
aux contestations qu'ont les actionnaires en *cette qualité*
avec la société, à raison d'une difficulté relative à l'interprétation ou à l'exécution de l'acte même de la société.

(1) *Op. cit.* p. 56 et suiv.
2) Arrêt, Cour de Chambéry, 1ᵉʳ déc. 1866·

118. Une dernière observation : La société citée devant un tribunal français, contrairement à la clause de ses statuts, peut, à notre sens, opposer au Français demandeur une exception d'incompétence. Cette incompétence est une incompétence *ratione personæ*, car le trait distinctif de l'incompétence *ratione materiæ*, c'est qu'elle résulte d'un principe d'ordre public, or, un principe d'ordre public ne peut avoir sa source dans une clause de contrat social, émanée de particuliers. Il résulte de ceci que les tribunaux ne pourraient suppléer à l'exception d'incompétence, non opposée par la société défenderesse.

119. — Arrivons maintenant à la seconde hypothèse. Nous supposons que c'est simplement la législation étrangère qui déclare incompétent le tribunal du lieu où siége la société. M. Lyon-Caen adopte pour ce cas une solution différente. L'adhésion de l'actionnaire aux statuts de la société n'entraîne pas, dit-il, sa soumission aux règles de compétence de la législation étrangère. Ces règles ont pu lui rester inconnues. La législation spéciale de l'art. 59 du Code de procédure ne concerne que les sociétés françaises. — Nous avons de la peine à suivre ce raisonnement. Si les statuts de la société ne proclament pas expressément, dans l'espèce, la compétence du tribunal du siége de la société, cette compétence y est implicitement consacrée, par cela même que les statuts sont rédigés sous l'empire d'une loi qui établit cette compétence, et à laquelle ces statuts ne peuvent déroger. En adhérant aux statuts, l'actionnaire français a accepté les règles étrangères sur la compétence, en vertu du principe posé par l'art. 1135 C. N. : « Les conventions obligent non-seulement à ce qui y est exprimé, mais encore à toutes les suites que l'équité, l'usage ou la loi donnent à l'obligation d'après sa nature. »

120. — Ici se rattache la question suivante : « Les statuts des sociétés étrangères contiennent parfois une clause analogue à celle dont nous venons de déterminer la portée, et qui consiste à soumettre les contestations sociales à un tribunal d'arbitres. Cette clause, qu'on appelle *compromissoire*, est généralement considérée comme nulle quand elle est insérée dans les statuts d'une société française; elle est en effet contraire aux prescriptions de l'art. 1006 du Code de procédure civ., qui exige, pour la validité du compromis, qu'il désigne l'objet du litige (1). Quant à la clause de cette espèce, qui se présenterait dans les statuts d'une société étrangère, il faut, selon M. Lyon-Caen, en reconnaître la validité même lorsque la loi du pays où la société a été fondée ne la consacrerait pas. En effet, le premier but de cette clause est d'écarter la compétence des tribunaux français, ce qui, comme nous l'avons vu plus haut, peut être fait légitimement. Dès lors, c'est aux tribunaux étrangers à décider si l'affaire peut ou non être renvoyée à des arbitres. La jurisprudence ne s'est pas encore prononcée uniformément sur cette question.

121. — Les sociétés étrangères opérant en France sont soumises, d'une part, aux lois de leur pays, d'autre part aux lois françaises, suivant les règles posées en cette matière, à l'égard des étrangers en général. L'application des deux législations donne lieu, pour les

(1) Voy. cependant Bravard-Veyrières et Demangeat, Traité de dr. commercial, I, 482 et suiv.

sociétés comme pour les individus, à des conflits qu'il importe d'examiner. Ainsi, *a)* il est possible que parmi les sociétés étrangères il s'en trouve dont l'objet ne soit pas conforme aux principes français d'ordre public. Nous savons que ces principes obligent, sur le sol français, les étrangers à l'égal des nationaux. Prenons pour exemple une société de jeux formée dans un pays où, contrairement à la loi du 21 mai 1836, qui les prohibe absolument en France, ces sociétés sont tolérées. M. Lyon-Caen établit à cet égard la distinction suivante : Lorsqu'il s'agit d'une société dont l'ojet n'est contraire qu'à une règle d'ordre public toute *relative*, il faut distinguer selon que l'acte de société doit recevoir son exécution en France, ou seulement dans le pays étranger, où la société a été constituée. Nous acceptons cette distinction qui nous paraît logique, aussi bien que la sous-distinction qu'elle renferme. Il peut évidemment y avoir des dispositions d'ordre public ayant un caractère purement *relatif*, comme dit M. Lyon-Caen. Les opérations de telle société peuvent présenter en France, à raison de telle situation morale ou matérielle particulière à ce pays, des inconvénients qu'elles ne rencontrent pas ailleurs. Ainsi, nous concevrions parfaitement qu'une loi d'ordre public prohibât en France les agences de Paris mutuels sur chevaux, sans condamner absolument de pareilles industries dans un autre pays, par exemple en Angleterre. Toutefois, nous devons reconnaître que la distinction pourra, dans beaucoup de cas, être bien délicate. Et de fait, pour nous en tenir aux maisons de jeu, elle a été tranchée la même année en deux sens opposés par des arrêts, dont l'un (du 22 février 1849) (1) reconnaît, et l'autre (du 31 mars 1849) (2) refuse de reconnaître l'existence de la société étrangère.

b) Pour le mode de preuve du contrat de société, les tribunaux français doivent évidemment, en vertu du principe *locus regit actum*, s'en référer à la loi du pays où la société a été constituée. Mais le principe et sa conséquence une fois admis, voici une difficulté qui se présente : dans la législation commerciale française, une société ne doit pas seulement être constatée par écrit, il faut encore qu'une certaine publicité soit donnée à ses statuts (art. 42 et suiv. Code de comm., art. 55 et suiv., loi du 24 juillet 1867). Les sociétés étrangères doivent-elles, pour opérer en France, satisfaire aux formalités de publicité prescrites pour les sociétés qui se forment sur le territoire français? Pour celles de ces sociétés qui n'ont en France que de simples représentants, un obstacle de fait s'oppose à l'accomplissement de ces formalités : on ne saurait où les accomplir, puisque, d'après la loi du 24 juillet 1867, elles doivent être accomplies par les sociétés françaises au lieu de leur siége principal et dans les différents endroits où sont établies les succursales (art. 55, 59). Quant aux sociétés étrangères qui ont des succursales en France, l'obstacle disparaît; mais ici encore le principe *locus regit actum* semble les soustraire à l'application de règles qui, en fait, sont une pure question de forme dans l'acte social. C'est aussi la solution à laquelle on se range dans la pratique.

c. Outre l'accomplissement des formalités de publi-

(1) Dalloz, II, 105.
(2 Dalloz, II, 114.

cité, la loi du 24 juillet 1867 exige encore spécialement pour la constitution définitive des sociétés anonymes, et en commandite par actions, la réunion de
certaines conditions dont le but est d'empêcher la fondation de sociétés sans consistance et sans objet sérieux
(art. 14 et 25). Ces conditions peuvent-elles être imposées aux sociétés étrangères qui veulent opérer en
France? La question n'est pas douteuse quant aux sociétés anonymes et aux autres sociétés dont la fondation est soumise, dans leur pays, à l'autorisation du
gouvernement. En effet, pour agir en France, ces sociétés ont également besoin de l'autorisation du gouvernement français, et dès lors, en les autorisant, le
gouvernement reconnaît que les conditions auxquelles
est soumise la fondation de ces sociétés dans leur propre pays, suffisent à assurer la sécurité des Français
qui peuvent contracter avec elles. Pour les sociétés
anonymes en particulier, ce raisonnement trouve encore un appui dans cette considération que lés conditions spéciales auxquelles la loi de 1867 soumet ces sociétés sont destinées à remplacer l'autorisation du gouvernement qui était exigible pour elle avant cette loi,
et qui l'est encore aujourd'hui pour les sociétés anonymes étrangères. — La question est plus douteuse en
ce qui regarde les sociétés en commandite par actions
non soumises à l'autorisation dans leur pays, et échap-
pant par là même à la nécessité d'obtenir l'autorisation
du gouvernement français. M. Lyon-Caen résout la
question daus un sens favorable aux sociétés étrangères. Un système contraire établirait, dit-il, un obstacle insurmontable au développement des relations commerciales internationales. Il n'y aurait pas de raison,

en effet, pour qu'un système analogue ne fût pas suivi dans chaque pays, et alors quel est le nombre de conditions auxquelles une société devrait satisfaire pour opérer dans tous les pays de l'Europe? Cependant, M. Lyon-Caen signale un inconvénient attaché au système qu'il adopte et que nous adoptons avec lui. La législation de certains pays étant, à l'égard des sociétés, beaucoup plus libérale que la législation française, les sociétés étrangères [peuvent, dans certains cas, avoir sur les sociétés françaises un avantage injuste. Cet inconvénient trouve, il est vrai, un palliatif dans les dispositions spéciales imposées à la négociabilité en France des titres des sociétés étrangères. — Un inconvénient beaucoup plus sérieux, à notre sens, c'est que la sagesse du gouvernement français qui a voulu, en imposant certaines conditions aux sociétés en commandite, prévenir les piéges que des sociétés fondées d'une façon trop hasardeuse, pourraient tendre au public, cette sagesse, disons-nous, se trouvera déjouée par l'invasion en France de sociétés étrangères qu'un gouvernement moins prévoyant aura laissé se fonder sans aucun contrôle. Toutefois, la crainte de cet inconvénient nous paraît également céder devant les avantages que la liberté des relations internationales assure au commerce.

d. Nous dirons pareillement, et par les mêmes motifs, que les sociétés étrangères sont affranchies des règlements français sur le *minimum* du montant des actions et obligations. Nous rappelons toutefois que, pour être négociables dans les Bourses francaises, les actions étrangères ne doivent pas être inférieures au taux de 500 fr.

c. Enfin, il y a encore lieu de consulter la loi du pays où s'est constituée la société pour déterminer si elle constitue une personne morale, et peut comme telle être représentée dans les procès qu'elle a à soutenir.

122. Une société commerciale étrangère ayant l'exercice de ses droits en France, peut y acquérir des immeubles. Elle n'a pas besoin d'être spécialement autorisée à cet effet, car la loi française ne prescrit d'autorisation de ce genre que pour les établissements religieux et d'utilité publique.

123. — Les sociétés anonymes françaises qui ont acquis des immeubles en France sont assujéties à un double impôt : elles doivent payer l'impôt foncier, et en outre une taxe annuelle calculée à raison de 62 centimes et demi par franc du principal de la contribution foncière, taxe à laquelle on donne le nom de taxe de biens de main-morte (loi du 16 janvier 1849). Il va de soi que les sociétés étrangères sont soumises aux mêmes droits, car, d'un côté, les lois qui établissent l'impôt foncier sont des lois essentiellentiellement immobilières qui régissent les étrangers comme les Français (art. 3 du C. N.), et d'un autre côté la taxe des biens de main-morte est assimilée à la contribution foncière.

124. — Les sociétés anonymes de commerce français sont assujéties en outre, tout comme les particuliers, à l'impôt de la patente. Quant aux sociétés étrangères de même nature, une distinction est à faire : celles de ces sociétés qui ont un établissement en France sont soumises à cet impôt; la loi du 25 avril 1844, art. 1er, déclare assujéti à la contribution de patentes tout individu non-seulement français, mais même étranger, qui exerce en France un commerce, une industrie ou

une profession non comprise dans les exceptions qu'elle détermine. Au contraire, pour des sociétés qui opèrent en France, sans y avoir d'établissement, la base même du droit proportionnel, qui est le loyer d'habitation, manque et ne permet pas de les assujétir à ce droit.

POSITIONS

DROIT ROMAIN.

I. Une situation légale ne peut être créée pour un étranger proprement dit à Rome, qu'en vertu d'un traité.

II. l'incapacité d'exercer telle faculté juridique d'après la législation romaine n'emportait pas, pour le pérégrin ou le latin, l'incapacité d'exercer la même faculté d'après la législation de sa cité.

III. La tradition mise au service des pérégrins avait entre leurs mains une plus grande efficacité qu'entre les mains des citoyens romains.

IV. Rome reconnaissait un mariage *juris gentium.*

V. L'imposibilité pour le pérégrin d'acquérir le *dominium* n'avait aucune importance au point de vue des fonds provinciaux.

DROIT FRANÇAIS.

HISTOIRE DU DROIT.

I. Le droit d'aubaine a une origine germanique.

II. La condition originaire des étrangers en Germanie et même en Gaule fut l'esclavage.

III. La formule de l'ancienne jurisprudence : « L'é-tranger vit libre et meurt serf en France » était loin d'être exacte.

DROIT ACTUEL

I. La condition juridique des étrangers non privilé-giés se résume dans la concession des droits faisant partie du *jus gentium* et dans la privation des droits civils autres que ceux qu'un texte ou un traité spécial leur aurait concédés.

II. Le statut personnel de l'étranger le suit en France. L'application de ce principe ne doit pas être arrêté par ce fait qu'elle entraînerait un préjudice envers un Français.

III. La disposition de l'alinéa 2, de l'art. 3 du Code civil n'entraîne pas l'égale capacité de l'étranger au point de vue de tous les droits entrant dans le statut réel immobilier.

IV. La femme étrangère ne peut réclamer sur les biens de son mari situés en France l'hypothèque légale que lui accorde sa loi personnelle.

V. Le Français, peut après avoir traduit lui-même l'étranger devant les tribunaux étrangers, le traduire devant les tribunaux français.

DROIT DES GENS.

I. La condition juridique des personnes morales étran-gères est en général, au point de vue des droits dont elle sont susceptibles, absolument indentique à celle des personnes physiques.

II. L'étranger divorcé peut se remarier en France avec une française.

DROIT CRIMINEL.

I. L'étranger qui se porte partie civile est tenu de fournir la caution *judicatum solvi*.

II. Un Français acquitté en pays étranger parce que la loi du pays ne punit pas le fait par lui commis ne pourra pas être repris par le ministère public, si le fait était puni par la loi française.

Permis d'imprimer.

Le Vice-Recteur de l'Académie de Paris.

A. MOURIER.

Vu par le Président de la thèse,

C. BUFNOIR

Vu par le Doyen de la Faculté,

G. COLMET-DAAGE.